JN437642

대학 포르투갈어 (브라질어)

이승덕 · 임은숙

이 책은 한국외국어대학교 2011년 연구비 지원에 의하여 제작되었습니다.

머리글

포르투갈어(브라질어)는 프랑스어·스페인어·이탈리아어·루마니아어와 같이 로망스계 언어에 속하는 언어로, 브라질과 포르투갈을 비롯하여 아프리카의 앙골라·모잠비크·까보 베르지·상 또메 이 쁘린시뻬 그리고 최근 인도네시아로부터 독립한 동티모르 등 많은 나라에서 쓰이고 있다. 그 외에도 중국의 마카오, 인도의 고아, 말레이지아의 말라카 등지에서도 아직까지 사용되고 있다.

특히 브라질은 앞으로 2014년 월드컵과 2016년 올림픽 개최를 앞두고 있는 나라로, 그 중요성이 날로 커지고 있으며 우리 교포의 수는 약 5만 명에 이른다. 과거 풍부한 천연자원의 나라로만 알려졌던 브라질은 이제 명실공이 세계 경제에 큰 영향력을 미치는 미국이나 중국에 못지않은 나라로 우뚝 서고 있다. 이러한 분위기를 반영하듯 해가 거듭될수록 많은 사람들이 이민·사업·주재원·외교·문화 등으로 브라질에 진출하고 있다.

이에 포르투갈어 습득과 포르투갈어 사용 국가들의 문화 이해에 도움이 되고자 『대학 포르투갈어』란 책을 만들었다. 본 『대학 포르투갈어』는 포르투갈어를 처음 배우는 대학생들뿐만 아니라 관심 있는 일반인들에게도 유익하도록 고안하였다. 최대한 현재의 포르투갈(브라질)어를 접할 수 있도록 최신 자료를 수록한 것과 다양한 내용을 수록하고 있는 점이 다른 책들과의 차별성이다. 또한 언어의 구조 이해는 물론 문화적 이해를 도울 수 있도록 구성하였으며, 특히 브라질 포르투갈어와 포르투갈 포르투갈어의 발음상의 차이를 함께 배워볼 수 있도록 제1부 22개 과의 본문 강독을 원어민의 목소리로 녹음하여 수록하였다.

제2부 연습문제에서는 책의 내용을 충실히 공부하면 스스로 해답을 찾을 수 있을 것으로 판단하여 해답을 제시하지 않았다.

끝으로 본서의 출간을 도와주신 한국외국어대학교 출판부에 진심으로 감사를 드린다.

2010년 11월

이 승 덕

차례

제 1 부

대학포르투갈어

A. 주격인칭대명사

eu	나	nós	우리들
tu	너	vós	너희들
ele	그(그것)	eles	그들(그것들)
ela	그녀(그것)	elas	그녀들(그것들)
você	너	vocês	너희들
o senhor	당신(남자)	os senhores	당신들(남자)
a senhora	당신(여자)	as senhoras	당신들(여자)

B. 직설법 현재 - 불규칙 동사 (Ser, Ter, Estar)

1.

	sou		somos
eu	tenho	nós	temos
	estou		estamos
	és		sois
tu	tens	vós	tendes
	estás		estais
	é		são
você	tem	vocês	têm
	está		estão

* você, ele, ela, o senhor, a senhora는 3인칭 단수 형태를,
vocês, eles, elas, os senhores, as senhoras는 3인칭 복수 형태를 취한다.

2. Eu sou calouro.
   Tu és português.
   Você é aluno de português.
   Ela é bonita.
   Pelé é brasileiro.
   Nós somos coreanos.
   Eles são portugueses.
   Eu tenho muitos amigos.
   Tu tens três livros.
   Maria tem dezoito anos.
   Nós temos dois filhos.
   Eles têm muitos livros.
   Eu estou ocupado.
   Tu estás muito bonito.
   Ela está em casa.
   Ele está com fome.
   Nós estamos em Seul.
   Eu estou aqui e eles estão ali.

C. DIÁLOGO

- Bom dia, Paulo, como vai?
- Bem, obrigado. E você?
- Bem, obrigado.

- Oi, José, tudo bem?
- Tudo bem. E você?
- Tudo bem.

* Bom dia! Boa tarde! Boa noite!

D. LEITURA

Meu nome é Laura. Sou brasileira e sou estudante universitária. Eu tenho muitos amigos portugueses. Minha melhor amiga é a Cecília. Ela é portuguesa. Nós temos muitas coisas em comum.

E. LEITURA

Chamo-me Ana. Eu sou portuguesa. Tenho vinte e seis anos. Eu sou professora. Sou de Lisboa. Agora estou em Santarém na casa dos meus avós. Os meus avós estão bem.

Lição 02

A. 직설법 현재 - 규칙동사 (Falar, Comer, Abrir)

1.

eu	falo como abro	nós	falamos comemos abrimos
tu	falas comes abres	vós	falais comeis abris
você	fala come abre	vocês	falam comem abrem

* 포르투갈어의 규칙동사는 -ar, -er, -ir로 나누어진다.

B. 소유형용사·소유대명사

			기본형			
			남성 명사		여성 명사	
			단 수	복 수	단 수	복 수
소유자	단수	1인칭	meu	meus	minha	minhas
		2인칭	teu	teus	tua	tuas
		3인칭	seu	seus	sua	suas
	복수	1인칭	nosso	nossos	nossa	nossas
		2인칭	vosso	vossos	vossa	vossas
		3인칭	seu	seus	sua	suas

Ela gosta muito do meu amigo.	그녀는 내 친구를 대단히 좋아한다.
Sua família está no Brasil.	너의 가족은 브라질에 있다.
Este carro é meu ou seu?	이 차는 내 것이냐? 너의 것이냐?

C. DIÁLOGO

A: De onde o senhor é?
B: Sou de Seul.

A: Como se chama?
B: Chamo-me Kim Han-guk.

A: Onde o senhor mora?
B: Moro em Imun-dong.

D. LEITURA

Entrevista

Eu sou Juliana, mas todos me chamam de Ju. Tenho 17 anos e estudo na universidade.

Eu sempre acordo cedo. Tomo banho, tomo café da manhã, e vou para a universidade. Chego na universidade, encontro meus amigos, falo com eles e me divirto com eles. Nós trocamos ideias e, às vezes, vamos ao shopping e comemos pizza, depois da universidade.

Meus pais trabalham fora. Minha mãe é professora de inglês e meu pai é funcionário de uma empresa. Minha mãe fala português, inglês e coreano. Meu pai fala português, inglês e japonês, mas não coreano. Eu falo português e um pouco de inglês.

Eu gosto muito dos meus pais. Eles sempre me apoiam e me amam. Nós gostamos muito de viajar juntos.

E. LEITURA

1. Entrevista

Chamo-me Isabel Nogueira e vivo perto de Tavira no Algarve. Moro perto da praia. [...] É tudo muito calmo por aqui.

Algarve의 마리나

Eu e os meus pais vivemos numa quinta. A casa é pequena, mas muito confortável. Tem três quartos, uma casa de banho e um duche, uma sala comum, uma cozinha e despensa. [...] Temos também um jardim à frente. [...]

Direcção-Geral de Inovação e de Desenvolvimento Curricular, North Westminster School of London,
Português a toda a Rapidez,
Lidel - Edições técnicas, Lda., 2005. (p. 31)

2. O primeiro dia de aulas

Olá!

Eu chamo-me César, tenho onze anos e frequento o quinto ano. Vivo com os meus pais, a minha irmã e o meu irmão. Venho para a escola de autocarro, gosto muito de ler e jogar com o computador. Também gosto de desporto e jogo na equipa de futebol do meu bairro. Tenho muitos amigos e gosto muito de comer pizza.

Isilda Lourenço Afonso & Nelson Rodrigues Pereira,
Palavras ao vento 5 ano,
Edições Gailivro, 2009. (p.23)

Lição 03

A. 정관사(o, a, os, as) 와 부정관사(um, uma, uns, umas)

정관사	o gato	그 고양이	os gatos	그 고양이들
	a casa	그 집	as casas	그 집들
부정관사	um livro	책 한 권	uns livros	책 몇 권
	uma maçã	사과 한 개	umas maçãs	사과 몇 개

B. 형용사

o moço coreano	한국청년	os moços coreanos	한국청년들
a aluna japonesa	일본여학생	as alunas japonesas	일본여학생들

C. LEITURA

As famílias

Você e eu somos nós dois, e juntos, todos nós, formamos uma família.

Sua família pode ser pequena, talvez apenas você, sua mãe ou seu pai.

Ou pode ser grande: além de você, seus pais, seus irmãos, suas irmãs, e, até mesmo, seus avós.

Uma família pode ser de qualquer tamanho. Até os animais que a gente tem em casa fazem parte da família. Sua família gosta de você, toma conta de você, e ajuda você a conhecer as coisas que estão em volta, como é o mundo, e o que acontece nele.

(*Biblioteca Infantil - Enciclopédia Britânica*)
In: Tudo Bem? vol. 1.,
Editora SBS, 2000. (p. 18)

D. LEITURA

O dia a dia

Os portugueses levantam-se normalmente entre as 7:30 e as 8:30. Muitos tomam o pequeno-almoço em casa: pão com manteiga e doce ou queijo e café com leite. Outros tomam o pequeno-almoço numa pastelaria: um bolo e um café, por

벨렝탑

exemplo.

Começam a trabalhar por volta das 9 horas. Ao almoço, as pessoas que não têm tempo de ir a casa almoçar comem num restaurante perto do trabalho.

O jantar é entre as 8 e as 9 horas e normalmente é uma refeição completa.

Os portugueses não se costumam deitar cedo.

Ana Tavares,
Português XXI,
Lidel - Edições técnicas, Lda., 2003. (p. 51)

A. Ser 동사의 용법

1. 사람·동물·사물 등의 영속적인 성질을 나타낸다.

   Ele é o senhor Paulo.

   그는 빠울루씨다.

   O gato é muito grande.

   그 고양이는 매우 크다.

   O livro é muito caro.

   그 책은 매우 비싸다.

2. 국적·직업·신분 등을 나타낸다.

   Ana é brasileira.

   아나는 브라질사람이다.

   Ele é aluno e elas são alunas.

   그는 남학생이고 그녀들은 여학생들이다.

   Sou solteiro mas você é casado.

   나는 미혼이지만 너는 기혼이다.

3. 땅·건물 등 움직이지 않는 장소를 나타낸다.

   O Rio é no Brasil.

   리우는 브라질에 있다.

   Buenos Aires é na Argentina.

   부에노스 아이레스는 아르헨티나에 있다.

B. Haver 동사의 직설법 현재

(Eu)	hei	(Nós)	havemos
(Tu)	hás	(Vós)	haveis
(Ele)	há	(Eles)	hão

Há muita gente na praia.
해변에는 많은 사람이 있다.

Estudamos português há um ano.
우리가 포어를 배운 지가 일 년이 된다.

Trabalho nesta universidade há 20 anos.
내가 이 대학교에서 근무한 지가 이십 년이 된다.

C. LEITURA

Quem sou eu?

Meu nome é Minsoo Park. Eu sou coreano. Eu moro em Seul. Seul é a capital da Coreia e é uma cidade muito grande e bonita. Minha família mora no interior, numa cidade chamada Daejon.

Meu número de telefone é 010-1234-5678. O meu e-mail é coreiabrasil@hanmail.net. Eu sou aluno do Departamento de Português da Universidade Hankuk de Estudos Estrangeiros. Eu estudo português há dois meses. Eu gosto muito de português e tenho muitos bons amigos.

D. LEITURA

A casa

O João é de Faro, mas agora está em Lisboa. Ele é engenheiro e mora longe do trabalho. A casa do João fica no centro da cidade, perto do rio. A casa não é grande, mas é bonita: tem dois quartos (um é grande, mas o outro é pequeno), uma sala com duas janelas e uma varanda. A cozinha fica entre a sala e o quarto pequeno. Em frente da sala há uma casa de banho. O outro quarto fica ao lado da sala. No meio há um corredor muito largo. A casa do João fica atrás da estação de metro e do mercado. A rua é estreita e muito tranquila.

Ana Tavares,
Português XXI Livro do aluno,
Lidel-Edições técnicas, Lda., 2003. (p. 35)

항해발견 기념탑

Lição 05

A. 전치사와 관사의 결합 형태

전치사	관사			
	o	os	a	as
a	ao	aos	à	às
de	do	dos	da	das
em	no	nos	na	nas
por	pelo	pelos	pela	pelas

전치사	부정관사			
	um	uns	uma	umas
de	dum	duns	duma	dumas
em	num	nuns	numa	numas

- 전치사 'a'와의 결합형

Eu vou *ao* cinema(a+o). 나는 영화관에 간다.

Eu vou *aos* Estados Unidos(a+os). 나는 미국에 간다.

Eu vou *à* praia(a+a). 나는 해변에 간다.

Eu vou *às* compras(a+as). 나는 쇼핑하러 간다.

- 전치사 'de'와의 결합형

Ele é pai *das* meninas(de+as). 그는 그 소녀들의 아버지다.

Ele é pai *da* moça(de+a). 그는 그 아가씨의 아버지다.

• 전치사 'em'과의 결합형

Ela está *na* casa do Paulo(em+a). 그녀는 빠울루의 집에 있다.

Ela está *no* escritório(em+o). 그녀는 사무실에 있다.

Ela está *nas* montanhas(em+as). 그녀는 산에 있다.

Ele estuda *numa* escola particular.(em+uma)
그는 사립학교에서 공부한다.

• 전치사 'por'와의 결합형

Entro *pela* porta(por+a). 나는 문으로 들어간다.

* 전치사 de 와 부정관사의 결합형은 아주 드물게 사용된다.

B. LEITURA

Adachi é uma pessoa muito alegre. Ele está no Brasil a trabalho. Ele acorda muito cedo e após tomar café da manhã vai de carro para o escritório. Ele gosta muito daqui e fala português muito bem porque estuda bastante. Adachi trabalha em uma fábrica em Guarulhos e quer melhorar ainda mais seu vocabulário. Por isso, conversa com todos os colegas em português. Seu horário de trabalho é longo. Ele começa a trabalhar às 7h30 e termina às 5h30.

Maria Harumi de Ponce,
Bem-Vindo! A língua portuguesa no mundo da comunicação,
Editora SBS, 2008. (p.7)

히우지 자네이루

C. LEITURA

A minha moradia

1. Isabel

Eu vivo num apartamento muito antigo, com paredes e tectos altos. Da janela do meu quarto vejo o rio e os barcos. Eu moro no 4° andar e tenho mais dois vizinhos no mesmo andar. A minha casa tem quatro assoalhadas: dois quartos e duas salas.

2. Rodrigo

Eu vivo com a minha família numa moradia no campo. A casa tem dois andares e um sótão enorme. Temos dez

전통 포르투갈 보도

assoalhadas, três casas de banho e duas cozinhas. O jardim é bastante grande e tem muitas árvores de fruto. [...]

Direcção-Geral de Inovação e de Desenvolvimento Curricular, North Westminster School of London,
Português a toda a Rapidez,
Lidel - Edições técnicas, Lda., 2005. (p. 32)

Lição 06

A. 지시형용사, 지시대명사

	남성 단수	남성 복수	여성 단수	여성 복수	중성지시대명사
이, 이것	este	estes	esta	estas	isto
그, 그것	esse	esses	essa	essas	isso
저, 저것	aquele	aqueles	aquela	aquelas	aquilo

* 브라질에서는 esse, esses, essa, essas, isso가 '이, 이것'의 의미로 쓰이기도 한다.

B. 전치사와 지시사와의 결합

de + este(s) → deste(s)
de + esse(s) → desse(s)
de + aquele(s) → daquele(s)
de + isto → disto
de + aquilo → daquilo

de + esta(s) → desta(s)
de + essa(s) → dessa(s)
de + aquela(s) → daquela(s)
de + isso → disso

em + este(s) → neste(s)
em + esse(s) → nesse(s)
em + aquele(s) → naquele(s)
em + isto → nisto
em + aquilo → naquilo

em + esta(s) → nesta(s)
em + essa(s) → nessa(s)
em + aquela(s) → naquela(s)
em + isso → nisso

a + aquele(s) → àquele(s)
a + aquilo → àquilo

a + aquela(s) → àquela(s)

C. LEITURA

O mistério da pipoca

Que pipoca é uma delícia, todo mundo sabe. Mas você tem idéia do que faz aquele grão duro de milho estourar e virar uma coisa tão gostosa?

O milho de pipoca tem uma casca fina. Quando você esquenta o grão, a água que existe dentro dele vira vapor. Daí, esse vapor não consegue escapar pela casca e acaba fazendo o grão explodir. Interessante, não é?

Melhor ainda é comer!

Recreio,
São Paulo, ano 1, n. 1, 2000. (p. 7)

이과수 폭포

D. LEITURA

O meu aniversário

Querido Tio Alberto,

Como sabe, faço anos no próximo sábado e venho convidar o Tio para a minha festa. Tenho muitas saudades suas e gostava muito de o ver nesse dia.

Beijinhos e até sábado.

Sofia

Querida Sofia,

Obrigado por te lembrares do teu tio velhote.

Infelizmente, não posso ir à tua festa, porque estou de cama. Mando-te aqui este dinheiro para comprares uma prenda ao teu gosto.

Um beijo e um grande abraço de Parabéns.

Tio Alberto

Direcção-Geral de Inovação e de Desenvolvimento Curricular, North Westminster School of London,
Português a toda a Rapidez,
Lidel- Edições técnicas, Lda., 2005. (p. 149)

☆ Parabéns para você
Nesta data querida
Muitas felicidades
Muitos anos de vida

A. 부정형용사와 부정대명사

가변성		불변성
남성	여성	
algum(alguns)	alguma(algumas)	alguém
nenhum(nenhuns)	nenhuma(nenhumas)	ninguém
todo(todos)	toda(todas)	tudo
outro(outros)	outra(outras)	outrem
muito(muitos)	muita(muitas)	nada
pouco(poucos)	pouca(poucas)	cada
certo(certos)	certa(certas)	algo
vário(vários)	vária(várias)	
tanto(tantos)	tanta(tantas)	
quanto(quantos)	quanta(quantas)	
qualquer(quaisquer)	qualquer(quaisquer)	

B. 재귀대명사와 재귀동사와의 관계

주격	eu	tu	nós	vós	ele(s), ela(s), você(s) senhor(es), senhora(s)
재귀대명사	me	te	nos	vos	se

levanto-me	eu me levanto
levantas-te	tu te levantas
levanta-se	ele se levanta
levantamo-nos	nós nos levantamos
levantais-vos	vós vos levantais
levantam-se	eles se levantam

Você se levanta cedo hoje. 너는 오늘 일찍 일어난다.
Eu me deito tarde. 나는 늦게 잔다.
Nós nos sentamos no banco. 우리는 의자에 앉는다.

C. LEITURA

De helicóptero ou a pé?

Com os congestionamentos cada vez mais frequentes nas grandes cidades, tem aumentado a frota de helicópteros.

Esse meio de transporte apresenta muitas vantagens em relação aos automóveis e ônibus: não enfrenta trânsito, não precisa parar nos semáforos e não se envolve em tantos acidentes.

O helicóptero, no entanto, é um meio de transporte muito caro. Por isso, atende só um pequeno grupo de pessoas, como os grandes empresários.

Por outro lado, há muitas pessoas que percorrem longas distâncias a pé, ou porque não têm dinheiro para pagar a passagem de meios de transporte coletivos ou porque não dispõem desses meios.

Projeto Pitanguá Geografia 3,
Editora Moderna, 2006. (p. 117)

D. LEITURA

A carta da Catarina

Querida Rute:

Já estou em Londres desde o dia 1 de setembro. É verdade! O tempo passa depressa. Tenho aulas todos os dias e tenho de estudar muito. Mas ao fim-de-semana levanto-me sempre mais tarde. Ao sábado, jogo ténis com um colega e depois normalmente almoçamos juntos. À tarde vou ao supermercado e compro algumas coisas para comer. Ao sábado à noite, vou sempre jantar com amigos ou colegas e depois vamos a um bar, a uma discoteca ou ao cinema. Deito-me sempre muito tarde. Ao domingo de manhã, levanto-me por volta das 11 horas, tomo um bom pequeno-almoço e fico em casa a estudar. Às vezes, leio um jornal ou um livro, ou vejo um pouco de televisão.

E tu? Como estás? E a tua família? Tens de escrever-me a contar tudo. Como está a Joana? Amanhã vou escrever-lhe. Os meus pais telefonam-me todas as semanas, mas tenho saudades deles. No Natal vou voltar para passar duas semanas e ver todos. Vamos ter muito para falar.

Até Dezembro e beijinhos para todos da
Catarina

Ana Tavares,
Português XXI,
Lidel - Edições técnicas, Lda., 2003. (p. 75)

Lição 08

A. 기수

0	zero	21	vinte e um(uma)
1	um(uma)	30	trinta
2	dois(duas)	40	quarenta
3	três	50	cinquenta
4	quatro	60	sessenta
5	cinco	70	setenta
6	seis	80	oitenta
7	sete	90	noventa
8	oito	100	cem
9	nove	101	cento e um(uma)
10	dez	200	duzentos(-as)
11	onze	300	trezentos(-as)
12	doze	400	quatrocentos(-as)
13	treze	500	quinhentos(-as)
14	catorze, quatorze	600	seiscentos(-as)
15	quinze	700	setecentos(-as)
16	dezesseis	800	oitocentos(-as)
17	dezessete	900	novecentos(-as)
18	dezoito	1,000	mil
19	dezenove	100,000	cem mil
20	vinte	1,000,000	um milhão

B. 서수

제 1의	primeiro	제 20의	vigésimo
제 2의	segundo	제 21의	vigésimo primeiro
제 3의	terceiro	제 30의	trigésimo
제 4의	quarto	제 40의	quadragésimo
제 5의	quinto	제 50의	quinquagésimo
제 6의	sexto	제 60의	sexagésimo
제 7의	sétimo	제 70의	setuagésimo
제 8의	oitavo	제 80의	octogésimo
제 9의	nono	제 90의	nonagésimo
제10의	décimo	제 100의	centésimo
제11의	décimo primeiro	제 1,000의	milésimo
제12의	décimo segundo	제 100,000의	cem milésimo
제13의	décimo terceiro	제 1,000,000의	milionésimo

C. LEITURA

As eleições no município

O prefeito governa o município, administra e fiscaliza a execução dos serviços públicos.

Os vereadores elaboram as leis do município e aprovam ou não as decisões do prefeito.

O prefeito e os vereadores são eleitos pelas pessoas que moram no município. As pessoas que votam são chamadas eleitores.

De acordo com a lei, o voto é obrigatório para todos os brasileiros com idade entre 18 e 70 anos. Para quem tem entre 16 e 18 anos ou mais de 70 anos, o voto é facultativo, isto é, o eleitor não é obrigado a votar, vota se quiser.

Projeto Pitanguá Geografia 3,
Editora Moderna, 2006. (p. 15)

D. LEITURA

O guarda-roupa da Joana

A Joana é uma rapariga portuguesa que está a estudar em Évora. Os pais mandam-lhe dinheiro para livros, mas ela gasta quase tudo em roupa. Vive num apartamento com mais duas amigas, uma é angolana e a outra é brasileira. A Joana tem no quarto um grande guarda-fatos cheio de roupa e de calçado.

No guarda-roupa dela, há umas vinte blusas de todas as cores e várias são de seda. Há muitas t-shirts e camisolas, há casacos compridos e casacos curtos, dois impermeáveis e três guarda-chuvas.

A cor preferida da Joana é o azul. Ela tem muitas saias azuis, muitas calças, botas, sandálias e ténis. Também tem uma infinidade de meias, de lenços e de roupa interior.

Na estante da Joana há dois livros: "Inglês num mês" e "Os jovens e a moda". A verdade é que a Joana pensa abrir uma loja de moda no Porto, com o irmão, e anda à procura de ideias novas.

Direcção-Geral de Inovação e de Desenvolvimento Curricular, North Westminster School of London,
Português a toda a Rapidez,
Lidel - Edições técnicas, Lda., 2005. (p. 100)

A. 목적격 인칭대명사

		직 접 목적격	간 접 목적격	전치사의 목적격	
				com 이외의 전치사의 뒤	com 뒤
단수	1인칭	me	me	전치사 + mim	comigo
	2인칭	te	te	전치사 + ti	contigo
	3인칭	o, a	lhe	전치사 + ele·ela … (주격과 동형)	
복수	1인칭	nos	nos	전치사 + nós	conosco
	2인칭	vos	vos		convosco
	3인칭	os, as	lhes	전치사 + eles·elas … (주격과 동형)	

Meus alunos me visitam aos sábados.

나의 제자들은 매주 토요일에 나를 방문한다.(me : 직접목적격)

Paulo me telefona hoje à tarde.

빠울루는 오늘 오후 나에게 전화한다.(me : 간접목적격)

Encontro-a todos os dias.

나는 매일 그녀를 만난다.

Os coreanos estudam inglês comigo.

한국인들은 나와 함께 영어를 공부하고 있다.

B. LEITURA

Adultos e crianças

Quando os adultos conversam entre si,
quase sempre falam de números.
Quando querem conhecer alguém,
perguntam-lhe onde trabalha,
o que possui, quanto ganha,
que cursos fez
e quais suas relações sociais.
Se falam de uma casa dizem:
"Quatrocentos milhões, senhores!"
E logo a imaginam à sua frente.

Se a gente fala de um amigo às crianças,
elas perguntam: "Coleciona borboletas?
Sabe assobiar?"
Se a gente fala de uma casa,
perguntam que cor tem,
se há flores nas janelas
ou ninhos de passarinhos no telhado.

Os adultos não entendem nada.
Não há nada a fazer com eles.
Só falam de "lucros".
Só se interessam pelo dinheiro.
As crianças têm que ter muita paciência com os adultos!

Phil Bosmans,
A alegria de viver,
Paulinas

C. LEITURA

Irmãos, mas diferentes

Eu e o meu irmão mais novo, o João, somos muito amigos, mas não deixamos de ter, como toda a gente, gostos e desejos diferentes. E, como todos os irmãos, guerreamos e continuamos a ser muito amigos.

Ambos gostamos de ter as nossas coisas, se possível iguais ou então semelhantes, mas cada um faz delas e com elas o que quer. O meu irmão João, quando tem chocolates, rebuçados, pastilhas, guarda-os no seu esconderijo, mas sempre por pouco tempo; é muito guloso e gasta tudo a correr. Não percebo bem por que é que ele faz isto. São para comer, está bem, mas se formos comendo só um bocadinho por dia, dura muito mais tempo... Ele come tudo e depois vem pedir-me. Eu dou, porque sou muito amigo dele, mas não acho justo.

Também não percebo por que é que ele, quando me empresta os jogos e os brinquedos, e eu sei que empresta de muito boa vontade, fica muito zangado por eu não os arrumar exactamente no sítio onde estavam; que complicação ele arranja por isso! Está lá numa das prateleiras ou numa das gavetas, não está? Pronto, para mim está arrumado; não sei por que é tanta zaragata só porque não ficam exactamente no mesmo lugar. Nessas alturas lá nos zangamos, mas depois tudo passa.

Margarida Ofélia,
A Águia Ferida,
Edições Via Láctea

Lição 10

A. 형용사와 부사의 비교급

Ele viaja mais (do) que o irmão dele.
그는 그의 동생보다 더 많이 여행한다.

Ela mora mais longe (do) que eu.
그녀는 나보다 더 먼 곳에 산다.

Paulo é mais inteligente do que Maria.
빠울루는 마리아보다 더 현명하다.

O Brasil produz menos carros que a Coreia.
브라질은 한국보다 자동차를 덜 생산한다.

Você está trabalhando menos do que eu.
너는 나보다 덜 일하고 있다.

Este livro é tão bom quanto aquele.
이 책은 저 책만큼 좋다.

Eles gastam tão pouco quanto nós.
그들은 우리만큼 돈을 적게 쓴다.

Eu estou com tanta fome quanto você.
나도 너만큼 배고프다.

B. LEITURA

Conversas virtuais

Fazer amigos pela internet é fácil, mas é preciso tomar alguns cuidados.

Ana Holanda

"Bonitão entra na sala e sorri para todos. Oi! Também quero entrar na conversa!". Papo de maluco? Não, esta é apenas uma das muitas maneiras de se entrar num *chatter*, ou bater papo via *web*, uma mania que está infernizando a vida de muitos pais.

Hoje, tão normal quanto ter um computador plugado na internet é bater altos papos pelo computador. Tem gente que acha que é muito melhor conversar via internet do que pelo telefone. O motivo é apenas um: pela internet você não se identifica. Usa um nickname (apelido) e pode ser qualquer pessoa — um super-herói, um astro do automobilismo —, ter qualquer aparência — loiro, moreno, alto, baixo, gordo ou magro — e diferentes idades. [...]

Revista Zá,
São Paulo, n. 34, 1999

C. LEITURA

Os passatempos

1. Jogos, dança

Nos meus tempos livres, vejo muita televisão, jogo com consolas e dou voltas pelos montes com a minha cadelita. Depois, jogo com a minha irmã e leio livros interessantes. Gosto também de jogar futebol com os meus amigos e de ir à piscina. Também me divirto a ir às festas da cidade. Geralmente, vou com amigos para ouvirmos a música e para dançarmos.

2. Ler

Eu não sou uma pessoa muito activa. Por vezes, prefiro ficar em casa a ler em vez de sair. Também gosto mais de ver desporto do que de praticar, o que é estranho, já que quando era mais nova fazia natação, karaté e dança. Até estive num clube de xadrez! Durante as férias, também gosto de conhecer novas pessoas e de fazer coisas novas.

Direcção-Geral de Inovação e de Desenvolvimento Curricular, North Westminster School of London, *Português a toda a Rapidez*, Lidel - Edições técnicas, Lda., 2005. (p. 59)

A. 형용사와 부사의 최상급

A montanha Diamante é a mais bonita da Coreia.
금강산은 한국에서 제일 아름답다.

José é o menor aluno da classe.
쥬제는 학급에서 가장 작은 학생이다.

Este moço é o menos estudioso de todos.
이 청년은 모든 이 가운데서 가장 덜 학구적이다.

Pedro aceita o trabalho mais difícil do banco.
뻬드루는 은행에서 제일 어려운 일을 맡는다.

A maior cidade do Brasil é São Paulo.
브라질에서 가장 큰 도시는 상 빠울루이다.

O Rio é a cidade mais bonita do Brasil.
리우는 브라질에서 가장 아름다운 도시이다.

B. LEITURA

Congestionamento nas cidades

O congestionamento é um dos principais problemas das cidades grandes. Ele gera poluição atmosférica, causada pela queima dos combustíveis dos veículos.

Os congestionamentos também fazem com que as pessoas percam mais tempo para ir de um lugar a outro.

Os mais prejudicados são os moradores da periferia, que chegam a gastar duas, três e até quatro horas por dia para ir de casa ao trabalho.

Projeto Pitanguá Geografia 3,
Editora Moderna, 2006. (p. 19)

C. LEITURA

A cidade de Lisboa é demasiado barulhenta. Actualmente os bairros lisboetas estão longe de ser considerados silenciosos devido ao intenso tráfego automóvel. Consequentemente os níveis de ruído aproximam-se já dos limites humanamente

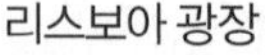

리스보아 광장

consentidos.

Em certas zonas da capital e a determinadas horas, o ruído ultrapassa mesmo o que o ser humano pode consentir em termos de saúde, facto que está a preocupar a Direcção dos Serviços da Qualidade do Ar e do Ruído, dependentes da Direcção-Geral do Ambiente.

Segundo um estudo elaborado em Lisboa, ficou provado que a Estrada da Luz é uma das áreas mais ruidosas onde, na hora de ponta da manhã (das 8:00 às 9:30), o ruído chega a atingir os 81,7 decibéis.

Uma vez que, como se sabe, níveis de ruído superiores a 80 decibéis podem afectar a saúde, a poluição sonora é neste momento um assunto prioritário para a Secretaria de Estado do Ambiente.

Isabel Coimbra Leite & Olga Mata Coimbra,
Português sem fronteiras 2,
Edições técnicas, 1990. (p. 87)

Lição 12

A. 날짜, 요일, 달, 계절의 표현

Que dia do mês é hoje?	오늘은 며칠입니까?
Em que dia do mês estamos?	오늘은 며칠입니까?
Hoje é (o dia) primeiro de julho.	오늘은 7월 1일입니다.
Estamos no dia primeiro de julho.	오늘은 7월 1일입니다.
Que dia da semana é hoje?	오늘은 무슨 요일입니까?
Em que dia da semana estamos?	오늘은 무슨 요일입니까?
Hoje é sábado.	오늘은 토요일입니다.
Estamos no sábado.	오늘은 토요일입니다.

1. 요일 이름(os dias da semana)

o domingo	일요일	a segunda-feira	월요일
a terça-feira	화요일	a quarta-feira	수요일
a quinta-feira	목요일	a sexta-feira	금요일
o sábado	토요일		

2. 월 이름(os meses do ano)

janeiro	1월	fevereiro	2월	março	3월
abril	4월	maio	5월	junho	6월
julho	7월	agosto	8월	setembro	9월
outubro	10월	novembro	11월	dezembro	12월

3. 계절(as estaçoẽs do ano)

a primavera	봄	o verão	여름
o outono	가을	o inverno	겨울

B. LEITURA

Colhendo laranjas

De maio a janeiro, trabalhadores rurais do Vale do Jequitinhonha, em Minas Gerais, deslocam-se para o interior do estado de São Paulo, para colher laranjas.

Toda manhã, eles chegam cedo ao laranjal. Apanham um balaio e colhem as laranjas manualmente. Quando o balaio fica cheio, eles o levam até uma área reservada a cada trabalhador e amontoam as laranjas.

Ao meio-dia, os trabalhadores param e comem suas marmitas preparadas na noite anterior. Em geral eles comem a comida

미나스 제다이스
오우루쁘레뚜

fria. Por isso esses trabalhadores são conhecidos como bóias-frias.

À uma hora, os trabalhadores voltam à colheita. Por toda a tarde repetem o trabalho de colher laranjas e juntá-las.

Por volta das seis da tarde, os trabalhadores param de trabalhar e voltam ao acampamento. Dormem cedo para, logo de madrugada, irem ao trabalho.

Projeto Pitanguá Português 3,
Editora Moderna, 2006. (p. 57)

C. LEITURA

Férias e tempo livre

A escola secundária de Cascais vai organizar pela primeira vez uma viagem à serra da Estrela durante as próximas férias de Natal. Os alunos vão passar alguns dias na neve.

A serra da Estrela fica no norte de Portugal e é o único local no país onde se pode fazer esqui, porque no Inverno neva muito naquela região. As pessoas que vivem em Lisboa e em muitas outras cidades, vilas e aldeias de Portugal nunca têm muitas possibilidades de ver neve. Então, muitos portugueses põem as suas roupas mais quentes e viajam até à serra da Estrela para uns dias diferentes: fazem esqui, fazem bonecos de neve ou atiram bolas de neve uns aos outros.

Os alunos da escola de Cascais vão viajar de camioneta e vão ficar num hotel que tem piscina interior. Vai ser divertido!

Ana Tavares,
Português XXI,
Lidel - Edições técnicas, Lda., 2003. (p. 87)

A. 의문사

의문대명사

Que é isto? 이것은 무엇입니까?

Quem é ela? 그녀는 누구입니까?

Qual é o nome do presidente? 대통령의 이름은 무엇입니까?

의문형용사

Que dia da semana é hoje? 오늘은 무슨 요일입니까?

Quantos dias há numa semana? 일주일은 며칠입니까?

의문부사

Como você planeja seu futuro?

너는 너의 장래를 어떻게 계획하고 있니?

Onde está a minha pasta?

내 가방이 어디 있습니까?

Quando começa a primeira aula de português?

포르투갈어 첫 수업은 언제 시작합니까?

B. 직설법 미래

comprar 사다	beber 마시다	partir 떠나다
comprarei	beberei	partirei
comprarás	beberás	partirás
comprará	beberá	partirá
compraremos	beberemos	partiremos
comprareis	bebereis	partireis
comprarão	beberão	partirão

Algum dia ela comprará uma casa.

언젠가 그녀는 집을 한 채 살 것이다.

Eu farei o possível para enviar as encomendas o mais cedo possível.

나는 주문품을 되도록 빨리 보내주기 위해 최선을 다할 것입니다.

Ele terá mais de quarenta.

그는 40이 넘었을 것이다.

C. LEITURA

Casa reciclada

Uma caverna é uma habitação ecológica ideal, integrada à natureza. Mas, a partir do momento em que é habitada, surgem os problemas. O que fazer com o lixo? Como iluminá-la? Não há cultura humana sem causar impacto ao meio ambiente.

Mas é cada vez mais fácil transformar um apartamento comum numa habitação ecologicamente correta. Em muitos casos, acaba saindo mais barato. Da tinta da parede à mobília, é possível encontrar cada vez mais produtos que respeitam o ambiente.

Sabem como construí minha nova casa?

A madeira usada na construção é de reflorestamento. A casa não tem vigas nem pilares. Mas pode ser montada e desmontada facilmente, sem mão-de-obra especializada.

Coloquei um piso de bambu. Ainda pouco usado em construções, o bambu, além de bonito, é resistente, cresce fácil e rende muito.

Resolvi também usar a energia solar. Ela é instalada no telhado, tendo assim uma energia renovável a qualquer momento.

Pedi para fazer cadeiras só com os galhos caídos da palmeira de jerivá, também fácil de cultivar.

As cortinas são de tecido plástico, feitas da reciclagem de garrafas de plástico de refrigerante.

E, no terraço, fiz um pequeno jardim utilizando adubo natural. Cascas de frutas e legumes que sempre vão para o lixo são excelentes adubos. É só bater tudo no liquidificador e usar nas plantas.

Você também pode transformar sua casa em uma habitação ecologicamente correta! Já pensou nisso?

adaptação de "Casa Reciclada"
revista *Super Interessante* Ano14, n° 3, Março/2000.

D. LEITURA

O diário de Sofia

Deram-me este Diário quando fiz anos. Tive tal desilusão quando o desembrulhei, que me apeteceu atirá-lo para o caixote do lixo.

Um livro em branco, à espera que eu, que nem para ler tenho paciência, aí escreva a minha vida. Para algum dia qualquer bisbilhoteiro ficar a saber os meus segredos mais íntimos, se apanhar a chave. Era o que faltava!

[...]

Hoje encontrei-o. É domingo. Devia estudar, mas não estou para isso. Folheio o livrinho em branco, imagino o que está ainda em branco na minha vida. Por que não hei-de escrever sobre mim? Quem sabe se não virei a ser pessoa famosa? Ainda tudo me pode acontecer.

[...]

Por hoje acabo, estão a tocar à porta.

Luísa Ducla Soares,
Diário de Sofia e Companhia,
Editora Civilização

페르난두 뻬소아

A. 관계대명사

O mecânico conserta a pia que está quebrada.
수리공이 깨진 세면대를 고친다.

O que mais chama a minha atenção na casa é o relógio.
이 집에서 나의 주의를 가장 많이 끄는 것은 시계다.

Este é o professor de quem lhe falei.
이 선생님이 내가 네게 말했던 분이다.

B. 관계형용사, 관계부사

Conheço um aluno cujo pai morreu.
아버지가 돌아가신 한 학생을 안다.

A cidade onde eu moro tem uma igreja antiga.
내가 살고 있는 도시에는 오래된 교회가 하나 있다.

C. LEITURA

O macaco perdeu a banana

O macaco estava comendo uma banana num galho de pau

quando a fruta lhe escorregou da mão e caiu num oco da árvore. O macaco desceu e pediu que o pau lhe desse a banana:

— Pau, me dá minha banana!

O pé de pau não deu ouvidos. O macaco foi ter com o ferreiro e pediu que viesse com o machado cortar o pau.

— Ferreiro, traga o machado para cortar o pau que ficou com a minha banana!

O ferreiro nem se importou. O macaco procurou o soldado, a quem pediu que prendesse o ferreiro. O soldado não quis. O macaco foi ao rei para mandar o soldado prender o ferreiro para este ir com o machado cortar o pau que tinha a banana. O rei não prestou atenção. O macaco apelou para a rainha. A rainha não o ouviu. O macaco foi ao rato para roer a roupa da rainha. O rato recusou. O macaco recorreu ao gato para comer o rato. O gato nem ligou. O macaco foi ao cachorro para morder o gato. O cachorro recusou. O macaco procurou a onça para comer o cachorro. A onça fez que não ouviu. O macaco foi ao caçador para matar a onça. O caçador se negou. O macaco foi até a Morte.

A Morte ficou com pena do macaco e ameaçou o caçador, que procurou a onça, que perseguiu o cachorro, que seguiu o gato, que comeu o rato, que quis roer a roupa da rainha, que mandou o rei, que ordenou ao soldado, que quis prender o ferreiro, que cortou com o machado o pau de onde o macaco tirou a banana e comeu.

Luís da Câmara Cascudo,
Contos tradicionais do Brasil,
Ediouro

D. LEITURA

Presentemente muitos cafés portugueses estão desaparecendo (a televisão tem em parte a culpa disto) mas os cafés ainda representam um factor importante na vida social do país. É no café que muitos estudantes estudam para os seus exames e que muitos negociantes fazem os seus negócios. É também o café o lugar onde se discute futebol, política, Deus, mulheres ou a vida dos outros, onde se escrevem poemas ou cartas de amor, onde se lê o jornal da tarde ou a última novidade literária. Também há algumas pessoas que vão lá exclusivamente para tomar café.

Alguns cafés de Lisboa estão associados a movimentos políticos ou literários. Num deles existe um busto de Bocage, o famoso poeta do século dezoito, que costumava frequentar esse café. Noutro havia até recentemente um retrato de Fernando Pessoa, o poeta modernista, pintado por outro membro do mesmo grupo. Muitos cafés têm uma clientela especial que os caracteriza: há cafés de literatos, de artistas, de comerciantes, de burocratas, de gente de teatro ou de desportistas.

Lição 15

A. 직설법 불완전 과거

comprar 사다	beber 마시다	partir 떠나다
comprava	bebia	partia
compravas	bebias	partias
comprava	bebia	partia
comprávamos	bebíamos	partíamos
compráveis	bebíeis	partíeis
compravam	bebiam	partiam

ser 이다	ter 가지다	vir 오다	pôr 놓다
era	tinha	vinha	punha
eras	tinhas	vinhas	punhas
era	tinha	vinha	punha
éramos	tínhamos	vínhamos	púnhamos
éreis	tínheis	vínheis	púnheis
eram	tinham	vinham	punham

A Maria ia à igreja todos os domingos.

마리아는 매주 일요일 교회에 가곤 했다.

Antigamente o Paulo bebia muito.

빠울루는 옛날에 술을 많이 마셨다.

Quando a Maria me chamou, eu lia(estava lendo) uma revista.

마리아가 나를 불렀을 때 나는 잡지를 읽고 있었다.

Quando era menino, gostava de brincar.
내가 어렸을 때 장난치는 것을 좋아했었다.

Enquanto eu estudava, meu irmão assistia à televisão.
내가 공부를 하고 있는 동안 동생은 텔레비전을 보고 있었다.

B. 현재분사와 진행형

현재분사

cantar → cantando, beber → bebendo, partir →partindo

진행형

「estar + 현재분사」: ...하고 있는 중이다.

O que é que você está fazendo? (포) está a fazer.
당신은 무엇을 하고 있습니까?

Estou procurando minha chave. (포) estou a procurar.
나는 나의 열쇠를 찾고 있는 중입니다.

Eles estão vendo o jogo de futebol na televisão.
그들은 축구 경기를 텔레비전으로 보고 있는 중이다.

C. 직설법의 완전과거(규칙동사)

comprar 사다	beber 마시다	partir 떠나다
comprei	bebi	parti
compraste	bebeste	partiste
comprou	bebeu	partiu
compramos	bebemos	partimos
comprastes	bebestes	partistes
compraram	beberam	partiram

Comprei um carro usado do amigo.
나는 친구로부터 중고차 한 대를 샀다.
Você compreendeu bem o que o professor lhe explicou?
너는 선생님이 네게 설명한 것을 잘 이해하였니?
Eles partiram para o Japão há um mês.
그들은 한 달 전에 일본으로 출발하였다.

D. LEITURA

Certo dia, entrou na loja um casal com três filhos. Duda, o mais velho, ficou maravilhado ao observar aquele belo peixinho Vermelho que nadava de um lado para outro no aquário. Os pais, notando o seu interesse, compraram-no e deram de presente ao filho.

Chegando ao novo lar, Vermelho notou uma criatura com cara de bonzinho, igual ao que tinha lá na loja, de vez em quando, ele se mexia, abria os olhos, espreguiçava-se e voltava a enrolar-se. Agora, mais despreocupado, o peixinho continuava nadando de um lado para o outro em seu pequeno cativeiro.

Certo dia, Vermelho escutou seus novos donos chamarem carinhosamente aquela estranha criatura de meu "Gatinho". Então, pensou:

— Ah! Então esse é o famoso Sr. Gato... O perigoso devorador de peixes!

O Gato, por sua vez, andava impaciente, não via a hora de ficar a sós com o novo morador da casa. Para não levantar suspeitas, fingia nem notar a sua presença.

Duda estava muito contente com os seus dois bichos de estimação, uma vez que o gato e o peixinho viviam em harmonia.

Lenira Almeida Heck,
O peixinho e o gato,
Editora Univates, 2005. (pp. 20-21)

As viagens de Marco Polo

Você já ouviu falar de Marco Polo?

Ele foi um viajante que nasceu em Veneza, na Itália, provavelmente em 1254.

Marco Polo fazia parte de uma família de mercadores que viajavam pelo mundo para comprar produtos.

Em 1271, o jovem veneziano realizou seu sonho: partiu com seu pai e seu tio para o Oriente.

Marco Polo viajou durante 24 anos por vários lugares, localizados entre a Europa e a Ásia.

Passou por desertos, altas montanhas e muitas cidades, conhecendo pessoas, hábitos e culturas diferentes.

Ao longo do percurso, ele observava e registrava o que via.

Na China, Marco Polo conheceu o sorvete e o macarrão, depois levou a receita desses alimentos para a Itália.

Projeto Pitanguá Geografia 3,
Editora Moderna, 2006 (pp. 88-89)

E. LEITURA

O caldo de pedra

Um frade andava no peditório. Em determinada altura, cheio de fome, chegou à porta de um lavrador e aí nada lhe quiseram dar. E ele disse aos da casa:

— Vou ver se faço um caldinho de pedra.

Apanhou uma pedra do chão, sacudiu-lhe a terra e pôs-se a olhar para ela a ver se era boa para fazer um caldo. A gente da casa pôs-se a rir do frade e da sua lembrança. Perguntou o viandante:

— Então nunca comeram caldo de pedra? Só lhes digo que é uma coisa muito boa!

Responderam-lhe:

— Sempre queremos ver isso!

Foi o que o frade quis ouvir.

Depois de ter lavado a pedra, falou assim:

— Se me emprestassem aí uma panelinha...

Deram-lhe uma panela de barro. Ele encheu-a de água e meteu a pedra dentro.

— Agora, se me deixassem estar a panelinha aí ao pé das brasas...

Deixaram. Assim que a panela começou a chiar, disse ele:

— Com um bocadinho de unto é que o caldo ficava um primor!

Foram-lhe buscar um pedaço de unto. Ferveu, ferveu, e a gente da casa pasmada do que via. Provando o caldo, exclamou o frade:

— Está um bocadinho insosso, bem precisava de uma pedrinha de sal.

Também lhe deram o sal. Temperou, provou e:

— Agora é que uns olhinhos de couve caíam bem aqui! Até os anjos comeriam!

A dona da casa foi à horta e trouxe-lhe duas couves tenras. O frade limpou-as, ripou-as com os dedos, deitando as folhas na panela.

Quando os olhos já estavam cozidos, comentou o frade:

— Ai, um niquinho de chouriço é que lhe dava graça!

Trouxeram-lhe um pedaço de chouriço e ele deitou-o na panela. E enquanto tudo aquilo cozia, tirou pão do alforge e arranjou-se para comer com vagar. O caldo cheirava que era um regalo. Comeu e lambeu o beiço. Depois, despejada a panela, ficou a pedra no fundo.

A gente da casa, que estava com os olhos no frade, perguntou-lhe:

— Ó Irmão, então a pedra?

— Respondeu-lhes o frade:

A pedra? Lavo-a e levo-a comigo para outra vez!

E assim comeu o frade em casa de quem nada lhe queria dar.

Teófilo Braga,
Contos Populares Portugueses.
Publicações D. Quixote

Lição 16

A. 직설법 완전과거(불규칙동사)

ser 이다/ ir 가다	estar ~상태이다	ter 가지다	haver 있다	dar 주다	ver 보다	vir 오다
fui	estive	tive	houve	dei	vi	vim
foste	estiveste	tiveste	houveste	deste	viste	vieste
foi	esteve	teve	houve	deu	viu	veio
fomos	estivemos	tivemos	houvemos	demos	vimos	viemos
fostes	estivestes	tivestes	houvestes	destes	vistes	viestes
foram	estiveram	tiveram	houveram	deram	viram	vieram

dizer 말하다	fazer 만들다	poder 할 수 있다
disse	fiz	pude
disseste	fizeste	pudeste
disse	fez	pôde
dissemos	fizemos	pudemos
dissestes	fizestes	pudestes
disseram	fizeram	puderam

querer 원하다	saber 알다	trazer 가져오다	pôr 놓다
quis	soube	trouxe	pus
quiseste	soubeste	trouxeste	puseste
quis	soube	trouxe	pôs
quisemos	soubemos	trouxemos	pusemos
quisestes	soubestes	trouxestes	pusestes
quiseram	souberam	trouxeram	puseram

Eu fui ao cinema ontem.

나는 어제 영화관에 갔다.

O senhor já esteve no Brasil?

당신은 브라질에 가본 적이 있습니까?

Vocês vieram juntos?

너희들은 같이 왔니?

Houve um grande terremoto no Japão no ano passado.

지난 해 일본에서 큰 지진이 있었다.

O senhor fez ginástica hoje de manhã?

당신은 오늘 아침 체조를 했습니까?

Ele não pôde jogar futebol ontem de tarde.

그는 어제 오후 축구를 할 수 없었다.

Não quis conversar com ela.

나는 그녀와 말하고 싶지 않았다.

Paulo, onde você pôs a minha caneta?

빠울루, 내 펜을 어디에 두었니?

B. 과거분사와 수동형

과거분사

lavar → lavado, beber → bebido, partir → partido

수동형

「ser + 타동사의 과거분사 + por + 행위자」

O livro é me dado pelo professor.

그 책은 선생님이 내게 주셨다.

As roupas são consertadas por Antônio.

그 옷들은 앙또니우가 수선한다.

Esta língua é falada por muitas pessoas.
이 언어는 많은 사람들이 말한다.

C. LEITURA

As mães

Certa vez Deus chamou um anjo e lhe disse:

— Vá até a Terra e leve minha bênção à melhor mãe.

O anjo obedeceu. No dia seguinte, de volta ao céu, ele disse a Deus:

— Andei pela Terra à procura da melhor mãe. Procurei-a nos palácios dos ricos e nas casas dos pobres. Procurei-a nas cidades e nos campos. Procurei-a nos hospitais, nas maternidades e junto aos altares. Procurei-a por toda parte e não a encontrei. Todas as mães são iguais no amor que dedicam aos filhos. Dando-lhes tudo, sem pedir nada, elas os amparam, os socorrem e os orientam. Elas são resignadas e sacrificam-se por eles. Infelizmente, nem sempre os filhos são bons. Mas no coração das mães sempre há lugar para um perdão.

Testemunhei cenas que jamais esquecerei. Vi um pequeno paralítico, jogado no fundo de uma cama, dizer à sua mãe: "Mamãe, eu sou o mais infeliz dos meninos..." Com as lágrimas a lhe escorrerem pelos olhos, ela o animou: "Não diga isso, meu filho. O mais infeliz dos meninos é aquele que não tem mãe para consolá-lo nas horas de dor..."

Com ternura nos olhos, Deus indagou:

— Então, após tão longa peregrinação pela Terra, não descobriu a melhor das mães?

— Não, meu Senhor, eu não a descobri. Dentre as mães, só há uma que se destaca: é Maria, a mãe de Jesus. Mas ela já é a Rainha do Céu.

Depois de ouvir o anjo, Deus lhe disse com uma infinita bondade:

— Se assim é, volte à Terra. Volte e leve a minha bênção a todas as mães...

아줄레류
선박과 카라벨라

D. LEITURA

Azulejos

A ideia de cobrir paredes, pavimentos e até tectos com azulejos foi introduzida em Portugal e na Espanha pelos Mouros. A partir do século XVI, Portugal começou a produzir os seus próprios azulejos. No século XVIII, nenhum outro país europeu os produzia em tanta quantidade e variedade. Os azuis e brancos do Barroco são considerados os melhores. Os azulejos foram, e continuam a ser, muito importantes para a arquitectura de interiores e exteriores dos edifícios portugueses.

Martin Symington,
Portugal,
Dorling Kindersley & Civilização Editores, 2008. (p.26)

Lição 17

A. 접속법 현재

morar 살다	beber 마시다	partir 떠나다
more	beba	parta
mores	bebas	partas
more	beba	parta
moremos	bebamos	partamos
moreis	bebais	partais
morem	bebam	partam

ser 이다	estar ~상태이다	ter 가지다	haver 있다
seja	esteja	tenha	haja
sejas	estejas	tenhas	hajas
seja	esteja	tenha	haja
sejamos	estejamos	tenhamos	hajamos
sejais	estejais	tenhais	hajais
sejam	estejam	tenham	hajam

Quero que você jante comigo.

네가 나와 함께 저녁을 먹었으면 한다.

Temo que ela se resfrie.

나는 그녀가 감기 걸릴까 걱정이다.

Duvido que ela possa fazer o trabalho.

나는 그녀가 그 일을 할 수 있을 지 의문이다.

É conveniente(Convém) que você traga seu livro amanhã.
네가 내일 책을 가져오는 게 낫다.

Estou surpreendido (de) que você more em Seul.
나는 네가 서울에 산다니 놀랐다.

Caso não venha, telefone-me.
만일 못 올 경우 전화해.

Embora chova, irei passear.
비가 온다고 하더라도 나는 산책을 할 것이다.

Acenda a luz para que todos estudem melhor.
모두가 공부를 더 잘 할 수 있도록 불을 켜라.

Talvez ele perca o trem.
아마 그는 기차를 놓칠 것이다.

B. LEITURA

Musse de maracujá

Ingredientes:

• Uma lata de creme de leite.
• Meia xícara de suco de maracujá concentrado.
• Raspas de chocolate meio amargo.

Modo de fazer:

• Peça para um adulto abrir as latas de creme de leite e de leite condensado.
• Despeje o conteúdo no liquidificador e junte o suco de maracujá.
• Bata por três minutos.
• Despeje a mistura em tacinhas.

• Deixe gelar por 6 horas ou mais.
• Enfeite com as raspas de chocolate e sirva como sobremesa.

Projeto Pitanguá Português 3,
Editora Moderna, 2006. (p. 35)

C. LEITURA

É preciso ler!

Tocou para a saída. Em segundos, os corredores da escola encheram-se de alunos, de mochilas carregadas e passe na mão, correndo alvoroçados em direcção ao portão. Terminara mais uma manhã de aulas e os estômagos reclamavam o almoço. O Pedro, a Anica e o Frederico encontraram-se à saída e ficaram à espera da Guida que começava a atrasar-se. [...]

— Olha, ali vem ela! — exclamou a Anica, avistando a Guida que vinha cabisbaixa, acompanhada de uma colega que parecia estar a consolá-la.

— Então, que cara é essa? — perguntou o Pedro. — Foste para a rua outra vez na aula de História? Não me digas que ainda não conseguiste entender-te com aquela professora... Olha que eu acho-a...

— Não é nada disso — interrompeu-o a prima, ainda visivelmente aborrecida. — Tive nega no ponto de Matemática. Eu estava mesmo à espera...

— Que chatice! A tua mãe não vai achar graça nenhuma. Hoje, tens sermão... — disse a Anica para quem uma situação daquelas era inimaginável.

— Deixa lá, Guida — animou-a o Frederico — Para a

próxima é melhor com certeza. A gente vai tratar disso, está bem?

— A gente? — indagou o Pedro. — A gente, quem? Parece-me que me está a escapar qualquer coisa...

— Foi o Frederico que se ofereceu para me dar uma ajuda a Matemática — explicou a Guida. — Espero bem que dê resultado, senão...

— Dá resultado, sim senhora — tranquilizou-a o Frederico. — E agora não penses mais nisso, que não serve de nada.

Acompanharam-na até à paragem do eléctrico e combinaram a hora da reunião do clube nessa tarde. Depois, a caminho de casa, a Anica comentou:

— O mal da Guida é que não tem bases nenhumas. Tem passado sempre à tangente. Lê pouco, é raro fazer os trabalhos de casa, distrai-se por tudo e por nada, só liga ao desporto, tem a mania que vai ser atleta e julga que não precisa de estudar muito... Depois, fica com aquela cara quando as coisas dão para o torto, como se não fosse de esperar que isso acontecesse...

— Tu não perdoas, hã! — irritou-se o Pedro. — Estás convencida de que toda a gente tem de ser como tu, sempre agarrada aos livros. Mas olha que há outras coisas na vida. E isso de ser "caça-notas" não é nada saudável, Anica. Ainda apanhas um esgotamento nervoso.

— Eu, caça-notas? Deves estar parvo! Eu não preciso de caçar coisa nenhuma! — retorquiu a Anica, em tom refilão. — Eu estudo, porque gosto de estudar, ouviste? Pode parecer estranho a algumas pessoas, mas é mesmo assim. E, quanto a isso de eu andar sempre agarrada aos livros, convém que saibas que nem sempre são livros da escola, porque toda a gente sabe como eu adoro ler!

— Eu também gosto de ler... — prosseguiu o Pedro.

— Pois — interrompeu a irmã —, mas tu só lês livros que tenham a ver com História ou Ciências. E isso não é brilhante...

— Então porquê? Queres explicar-me essa tua teoria?

— É muito simples. Se continuas nessa, nunca hás-de ler os grandes escritores portugueses e estrangeiros. Ainda ontem, a minha professora de Português disse que os jovens liam pouco e quase só banda desenhada. E isso é muito mau.

— É melhor do que nada — comentou o Frederico, que também não lia muito. Era um apaixonado pela Geografia e às vezes passava horas a consultar atlas e a folhear livros ilustrados sobre várias regiões do globo.

— Está bem, mas quem não lê terá sempre maiores dificuldades na escrita. Geralmente, as pessoas que dão muitos erros são as que lêem menos. Se já tivessem visto certas palavras escritas não dariam erros de ortografia.

— Bem, deixemo-nos de filosofias — impacientou-se o Pedro. — Vamos mas é almoçar, que já são horas.

Despediram-se do Frederico e entraram em casa.

Maria Teresa Maia Gonzalez e Maria do Rosário Pedreira,
O Clube das Chaves Toca a Quatro Mãos,
Editorial Verbo

까뽀에이라

Lição 18

A. 접속법 불완전과거

morar 살다	beber 마시다	partir 떠나다
morasse	bebesse	partisse
morasses	bebesses	partisses
morasse	bebesse	partisse
morássemos	bebêssemos	partíssemos
morásseis	bebêsseis	partísseis
morassem	bebessem	partissem

ser 이다	estar ~상태이다	ter 가지다	haver 있다
fosse	estivesse	tivesse	houvesse
fosses	estivesses	tivesses	houvesses
fosse	estivesse	tivesse	houvesse
fôssemos	estivéssemos	tivéssemos	houvéssemos
fôsseis	estivésseis	tivésseis	houvésseis
fossem	estivessem	tivessem	houvessem

Ele queria que eu o ajudasse.

그는 내가 그를 도와주기 바랬다.

Esperávamos que vocês viessem à festa.

우리들은 너희들이 축제에 오기를 바랬다.

Foi melhor que ele desistisse.

그가 포기하는 편이 더 좋았다.

Duvidei que você fizesse o trabalho.

나는 네가 그 일을 했다는 사실을 의심했다.

Ele trabalhou para que pudesse comprar uma casa.

그는 집을 사기 위해 일을 했다.

B. 직설법 과거미래, 과거미래완료

cantar 노래하다	beber 마시다	partir 떠나다
cantaria	beberia	partiria
cantarias	beberias	partirias
cantaria	beberia	partiria
cantaríamos	beberíamos	partiríamos
cantaríeis	beberíeis	partiríeis
cantariam	beberiam	partiriam

Ela me respondeu que aceitaria meu convite.

그녀는 나의 초대를 받아들인다고 나에게 대답하였다.

Seria isso verdade?

그것은 사실일까?

Ontem ele me disse que teria chegado ao Brasil na próxima semana.

어제 그는 다음 주에 브라질에 도착할 것이라고 말했다.

Teria ele recebido a minha carta?

그는 내 편지를 받았을까?

Se fosse pássaro, poderia voar.

내가 새라면 날 수 있을 텐데.

Se eu tivesse tido muito dinheiro, eu o teria dado ao senhor.

내가 돈이 많았었다면 당신에게 줄 수 있었을 텐데.

* 과거미래와 과거미래완료는 가정문에서도 사용된다. 즉 과거미래는 현재의 사실에 반대되는 가정문, 과거미래완료는 과거의 사실에 반대되는 가정문의 귀결절에 사용된다.

C. LEITURA

A roupa nova do rei

Esta história aconteceu há muitos anos, em um reino distante. Como em todo reino, neste também havia um rei. Mas ele não tinha tempo para os súditos, não se preocupava com os impostos e muito menos com o castelo.

Ele era tão vaidoso que gastava horas em frente ao espelho e passava um tempão experimentando roupas e mais roupas.

Um dia, apareceram por aquelas redondezas dois homens que tinham uma mania horrorosa: enganar as pessoas. Eles afirmavam que eram os melhores costureiros do mundo e que faziam roupas mágicas. Diziam que só quem fosse inteligente poderia vê-las.

Imagine a alegria do rei com a novidade! Ele ficou louco para ter um daqueles trajes especiais. Então, ordenou que os costureiros fossem levados até o palácio e disse:

— Quero uma roupa maravilhosa para fazer um desfile pela cidade.

Os dois avisaram que o serviço custaria muito caro, porque usariam a mais pura seda e fios de ouro. Como a vaidade do rei não tinha limites, ele respondeu que dinheiro não era problema. Assim os costureiros montaram seu tear e começaram a fingir que teciam com fios invisíveis.

O tempo foi passando e sua majestade só pensava em sua roupa nova. De que cor seria o tecido? E que estampa teria?

Um dia, o rei não aguentou a curiosidade e foi ver de perto aquela valiosa peça. Ele entrou no salão onde os costureiros fingiam trabalhar e quase desmaiou quando não conseguiu ver nenhum fio, nem estampa, nem nada. Cheio de pavor, preferiu fingir que enxergava a roupa do que passar por tolo:

— Que cores incríveis! Está ficando linda.

No dia do desfile, os dois malandros foram entregar a encomenda. Confusos, os empregados do palácio também acharam melhor fazer de conta que viam a roupa. Afinal, ninguém queria parecer bobo.

A notícia de que apenas as pessoas inteligentes perceberiam a roupa do rei tinha se espalhado e o reino inteiro aguardava o desfile. No grande dia, quando a comitiva surgiu, todos começaram a elogiar o novo modelo do monarca, porque ninguém queria ser chamado de burro.

No meio dessa agitação, uma garotinha subiu em uma árvore para ver o que estava acontecendo. Quando ela olhou para o rei, deu um grito:

— O rei está sem roupa!

Houve um grande silêncio e, de repente, todo mundo caiu na risada. Não dava mais para disfarçar que não havia roupa coisa nenhuma. O rei também percebeu que tinha sido enganado, mas não perdeu a pose e continuou andando.

De volta ao castelo, ele prometeu para si mesmo que seria menos vaidoso, daria mais atenção ao seu reino e nunca mais se deixaria enganar por aqueles tecelões, quer dizer, charlatões. Ele até tentou pedir seu dinheiro de volta, mas os dois já estavam bem longe.

Hans Christian Andersen (adaptação).
Recreio, ano 1, n. 3, 30 mar. 2000. (pp. 26-27)

D. LEITURA

Ingleses de Machico

Há muitos, muitos anos, uma menina inglesa de famílias nobres, chamada Ana de Arfet, apaixonou-se perdidamente por um cavaleiro jovem e belo, mas pobre.

Seu nome era Machim, e também ele se deixou enredar naquele amor proibido. Para pôr fim ao romance, os pais da rapariga pediram a intervenção do próprio rei de Inglaterra, que resolveu o assunto casando-a com um fidalgo de alta linhagem. De nada serviu, porque o par continuou a encontrar-se em segredo, e logo que possível fugiu.

Machim raptou a sua amada pela calada da noite, e embarcaram ambos num pequeno navio que zarpou para França. Mal se tinham afastado do porto levantou-se um temporal violentíssimo e o navio foi arrastado para o alto mar. Dias depois avistaram uma ponta de terra coberta de arvoredo que os surpreendeu. Onde estariam? Meteram-se no bote, remaram e foram ver. Não encontraram ninguém e ficaram maravilhados com a beleza da praia e o tamanho das árvores. Uma delas possuía um tronco oco tão largo e espaçoso que podia servir-lhes de abrigo. Machim apressou-se a ir buscar frutos silvestres, acendeu uma fogueira, rodeou Ana de carinho e atenções.

Talvez tenham sido felizes ali apenas umas horas ou alguns dias, mas Ana vinha enfraquecida pela aflição e pelo enjoo que sofrera a bordo. Morreu pouco depois. Os companheiros tudo tentaram para animar Machim e convencê-lo de que teria de continuar vida noutro lugar. Ele, porém, não os ouvia. Chorava dia e noite, deixou de comer, acabou por morrer de desgosto junto da sepultura da sua amada. Então os companheiros abriram uma cova mesmo ao lado para que repousassem juntos eternamente.

Segundo consta, os Portugueses conheciam esta história e deram o nome de Machico ao lugar que serviu de última morada aos apaixonados.

Ana Maria Magalhães e Isabel Alçada,
Portugal, História e Lendas,
Editorial Caminho

Lição 19

A. 접속법 미래

falar 말하다	beber 마시다	partir 떠나다
falar	beber	partir
falares	beberes	partires
falar	beber	partir
falarmos	bebermos	partirmos
falardes	beberdes	partirdes
falarem	beberem	partirem

ser 이다	estar ~상태이다	haver 있다	ter 가지다
for	estiver	houver	tiver
fores	estiveres	houveres	tiveres
for	estiver	houver	tiver
formos	estivermos	houvermos	tivermos
fordes	estiverdes	houverdes	tiverdes
forem	estiverem	houverem	tiverem

Se chover, ficarei em casa.

만일 비가 온다면 나는 집에 있을 것이다.

Sempre que eu ouvir esta música, me lembrarei de você.

이 음악을 들을 때마다 너를 기억할 것이다.

Logo que souber o resultado, eu lhe telefonarei.

내가 결과를 알게 되면 네게 전화를 할 것이다.

B. 가정문

현재의 사실에 반대되는 가정

Se eu fosse pássaro, poderia voar.

내가 새라면 날 수 있을 텐데.

미래의 확정적인 사실에 반대하는 가정

Se amanhã fosse domingo, você não se deitaria tão cedo.

내일이 일요일이라면 너는 그렇게 일찍 잠을 자지 않을 것이다.

미래에 대한 추측이나 강한 의혹(가정법 미래)

Se chover amanhã, ficarei em casa.

만약 내일 비가 온다면 너는 집에 있을 것이다.

과거의 사실에 반대되는 가정

Se eu tivesse sabido o endereço dela, teria a visitado.

내가 그녀의 주소를 알았더라면 방문했을 텐데.

C. LEITURA

O Sol

O Sol é a estrela central do sistema solar. É ele quem emite toda luz e calor necessários para a vida na Terra.

No começo, o Sol era uma gigantesca nuvem de gás e poeira, muitas vezes maior que o sistema solar hoje. Essa nuvem foi se contraindo e se tornando mais densa, até se transformar em uma verdadeira estrela. Isso demorou cerca de 50 milhões de anos.

A partir de então, o Sol entrou em uma fase bem tranquila, na qual ainda se encontra. Seu tamanho e sua temperatura quase não mudam. Pouco varia também a quantidade de energia que ele transmite para o espaço em cada segundo, o que chamamos de "luminosidade". Isso nos interessa muito, porque a vida na Terra depende da energia que vem do Sol: se ela aumentar ou diminuir muito, mudanças profundas vão acontecer.

Ciência Hoje das Crianças, n. 46,
mar. 1995. (p. 10-11) (Fragmento.)

D. LEITURA

Frei João Sem Cuidados

O rei ouvia sempre falar em Frei João Sem Cuidados como um homem que não se afligia com coisa nenhuma deste mundo:

— Deixa-te estar, que eu é que te hei-de meter em trabalhos.

Mandou-o chamar à sua presença, e disse-lhe:

— Vou dar-te uma adivinha e, se dentro de três dias me não souberes responder, mando-te matar. Quero que me digas:

Quanto pesa a Lua?
Quanta água tem o mar?
O que é que eu penso?

O Frei João Sem Cuidados saiu do palácio bastante atrapalhado, pensando na resposta que havia de dar àquelas perguntas. O seu moleiro encontrou-o no caminho, e lá estranhou de ver Frei João Sem Cuidados, de cabeça baixa e macambúzio.

— Olá, Senhor Frei João Sem Cuidados, então o que é isso, que o vejo tão triste?

— É que o rei disse-me que me mandava matar, se dentro de três dias eu lhe não respondesse a estas perguntas: "Quanto pesa a Lua? Quanta água tem o mar? E o que é que ele pensa?"

O moleiro pôs-se a rir, e disse-lhe que não tivesse cuidado, que lhe emprestasse o hábito de frade, que ele iria disfarçado e havia de dar boas respostas ao rei.

Passados os três dias, o moleiro, vestido de frade, foi pedir audiência ao rei. O rei perguntou-lhe:

— Então, quanto pesa a Lua?

— Saberá Vossa Majestade que não pode pesar mais do que um arrátel, porque todos dizem que ela tem quatro quartos.

— É verdade. E agora: Quanta água tem o mar?

Respondeu o moleiro:

— Isso é muito fácil de saber; mas como Vossa Majestade só quis saber da água do mar, é preciso que primeiro mande tapar todos os rios, porque sem isso nada feito.

O rei achou bem respondido; mas, zangado por ver que Frei João Sem Cuidados se escapava das dificuldades, tornou:

— Agora, se não souberes o que é que eu penso, mando-te matar!

O moleiro respondeu:

— Ora, Vossa Majestade pensa que está falando com o Frei João Sem Cuidados, e está mas é falando com o seu moleiro.

Deixou cair o hábito de frade, e o rei ficou pasmado com a esperteza do ladino.

Teófilo Braga,
Contos Tradicionais do Povo Português [ad.],
Edições Dom Quixote

Lição 20

A. 부정법

O nadar é bom exercício.

수영하는 것은 좋은 운동이다.

Eles sairam sem dizer nada.

그들은 아무 말 없이 나갔다.

O professor deixou os alunos falar na aula.

그 선생님은 학생들이 수업 중에 이야기를 하는 것을 묵인하였다.

B. 인칭부정법

falar 말하다	comer 먹다	partir 떠나다
falar	comer	partir
falares	comeres	partires
falar	comer	partir
falarmos	comermos	partirmos
falardes	comerdes	partirdes
falarem	comerem	partirem

É impossível eles virem.

그들이 오는 것은 불가능하다.

É difícil resolvermos o caso.

우리가 그 사건을 결정하는 것은 어렵다.

C. LEITURA

Halloween: uma festa folclórica

O Halloween ou Dia das Bruxas é uma festa tradicional do folclore norte-americano, repleta de personagens assustadoras para alguns e divertidas para outros, como bruxas, fantasmas e vampiros.

Algumas pessoas consideram que no Brasil devem ser comemoradas apenas datas nacionais. Entretanto, não se pode negar que o Halloween foi muito bem recebido pelos brasileiros e conquistou seu espaço.

Atualmente, a festa é comemorada em grupos de todo o tipo: familiares, amigos, vizinhos, colegas e mesmo entre pessoas desconhecidas. E nos lugares mais variados: clubes, escolas e na casa das pessoas.

Afinal, cultura é cultura em qualquer parte do mundo!

Dia do Saci?

사시뻬레레

O Saci-Pererê é uma conhecida personagem do nosso rico folclore. Ele é tão valioso que até existe uma organização chamada Sosaci — Sociedade dos Observadores de Saci, que reúne pessoas interessadas em valorizar a tradição, a cultura, os mitos e as lendas brasileiras.

Essa organização considera que devemos trocar o Dia das Bruxas pelo Dia do Saci e seus Amigos. E até se preparou para apresentar a proposta ao governo federal. Para convencer o governo a aceitá-la, a Sosaci diz duas coisas: uma é que não há motivo para comemorar o Halloween no Brasil, uma vez que faz parte da cultura de outro país: e outra é que a cultura brasileira tem de ser mais valorizada.

Projeto Pitanguá Português 3,
Editora Moderna, 2006. (pp. 160-161)

D. LEITURA

O debate

O debate é uma actividade muito enriquecedora: aumenta a informação sobre um tema, possibilita o confronto e a partilha de opiniões e de conhecimentos e exercitam-se competências como:

- saber ouvir;
- saber falar e convencer.

Preparação do debate:

- reflectir sobre o tema (individualmente/em grupos);
- recolher informações [em livros, enciclopédias, revistas, jornais, Internet...]

Organização do debate, escolhendo:

- o moderador;
- dois ou três observadores;
- dois secretários.

O moderador:

• abre a discussão, expondo o assunto com clareza;
• dá a palavra a quem a pediu;
• possibilita a intervenção de todos;
• incita à participação;
• assegura a troca de ideias;
• controla a agressividade e o tempo;
• apresenta as conclusões.

Os observadores:

• fazem o registo do tempo de cada um, da frequência das intervenções e dos principais argumentos apresentados.

Os secretários:

• fazem o relato do debate, depois de consultarem as fichas dos observadores.

Isilda Lourenço Afonso & Nelson Rodrigues Pereira, *Palavras ao vento 6 ano*,
Ediçoes Gailivro, 2009. (p.37)

Lição 21

A. 직설법 현재완료

ter 의 직설법 현재 + 과거분사(falar - falado)	
tenho falado	temos falado
tens falado	tendes falado
tem falado	têm falado

Ultimamente tenho feito muita coisa.

나는 최근에 많은 것을 하고 있다.

Ela tem estado doente desde o começo deste mês.

그녀는 금년 초부터 병이 났다.

B. 직설법 과거완료

복합대과거

복합과거완료: ter(haver)의 불완전과거 + 과거분사(cantar동사의 경우)	
tinha(havia) cantado	tínhamos(havíamos) cantado
tinhas(havias) cantado	tínheis(havíeis) cantado
tinha(havia) cantado	tinham(haviam) cantado

단순대과거

comprar 사다	beber 마시다	partir 떠나다
comprara	bebera	partira
compraras	beberas	partiras
comprara	bebera	partira
compráramos	bebêramos	partíramos
compráreis	bebêreis	partíreis
compraram	beberam	partiram

ter 가지다	ser 이다 / ir 가다	fazer 하다	dizer 말하다	ver 보다	vir 오다
tivera	fora	fizera	dissera	vira	viera
tiveras	foras	fizeras	disseras	viras	vieras
tivera	fora	fizera	dissera	vira	viera
tivéramos	fôramos	fizéramos	disséramos	víramos	viéramos
tivéreis	fôreis	fizéreis	disséreis	víreis	viéreis
tiveram	foram	fizeram	disseram	viram	vieram

O carro não estava onde ele o tinha deixado. - 복합형

O carro não estava onde ele o deixara. - 단순형

차는 그가 주차했던 곳에 없었다.

C. LEITURA

O conto da mentira

Todo dia Felipe inventava uma mentira. "Mãe, a vovó tá no telefone!". A mãe largava a louça na pia e corria até a sala. Encontrava o telefone mudo.

O garoto havia inventado morte do cachorro, nota dez em

matemática, gol de cabeça em campeonato de rua. A mãe tentava assustá-lo: "Seu nariz vai ficar igual ao do Pinóquio!". Felipe ria na cara dela: "Quem tá mentindo é você! Não existe gente de madeira!"

O pai de Felipe também conversava com ele: "Um dia você contará uma verdade e ninguém acreditará!". Felipe ficava pensativo. Mas, no dia seguinte...

Então aconteceu o que seu pai alertara. Felipe assistia a um programa na TV. A apresentadora ligou para o número do telefone da casa dele. Felipe tinha sido sorteado.

O prêmio era uma bicicleta: "É verdade, mãe! A moça quer falar com você no telefone pra combinar a entrega da bicicleta. É verdade!".

A mãe de Felipe fingiu não ouvir. Continuou preparando o jantar em silêncio.

Resultado: Felipe deixou de ganhar o prêmio. Então ele começou a reduzir suas mentiras. Até que um dia deixou de contá-las. Bem, Felipe cresceu e tornou-se um escritor. Voltou a criar histórias. Agora sem culpa e sem medo. No momento está escrevendo um conto. É a história de um menino que deixa de ganhar uma bicicleta porque mentia...

Rogério Augusto,
Folha de S. Paulo,
São Paulo, 14 jun. 2003, Folhinha. (p. F8)

D. LEITURA

O tesouro

(...)

Os meninos do País das Pessoas Tristes não podiam ouvir as músicas, nem ver os filmes, nem ler os livros e as revistas de que gostavam, mas só as músicas, os filmes e os livros que não eram proibidos. Nem sequer podiam beber Coca Cola, porque a Coca Cola também era (ninguém sabia porquê) proibida!

As raparigas e os rapazes não podiam conversar nem conviver uns com os outros e tinham que andar em escolas separadas e brincar em recreios separados por muros e por grades. As raparigas não podiam vestir calças nem andar sem meias, era também proibido; e os rapazes, quando cresciam, eram mandados para horríveis guerras em países longínquos e obrigados a matar gente que não conheciam e que nunca lhes tinha feito mal nenhum, e muitos deles morriam lá ou regressavam loucos ou estropiados.

— Mas porque é que vocês não votam em governantes que acabem com todas essas coisas más e que vos restituam a vossa liberdade, o vosso tesouro?, estranhavam os visitantes.

— Porque nós também não podemos votar!

Era espantoso:

— Não podem votar? Então como escolhem os vossos governantes?

— Mas nós não escolhemos os nossos governantes...

— Então quem os escolhe?

— Ninguém sabe....

Quem ouvia estas coisas ficava muito inquieto e, subitamente, o seu coração enchia-se também de tristeza e de amargura. O Sol já não lhe parecia tão quente, nem o céu tão transparente e tão azul e, quando voltava à rua, olhava também em volta amedrontado, pensando que podia estar a ser vigiado e seguido e temendo até que alguém pudesse ler os seus pensamentos e sair da sombra para o castigar por causa deles.

E, de regresso ao seu país, compreendia então como a sua liberdade era afinal um tesouro muito valioso e, a partir daí, passava a velar por ele como por um bem raro de que a sua felicidade e a sua própria vida dependiam, lembrando-se muitas vezes dos amigos que tinham deixado, sós e infelizes, no País das Pessoas Tristes.

Até que um dia chegou em que, no País das Pessoas Tristes, as pessoas decidiram reconquistar o seu tesouro. Os soldados reuniram-se nos quartéis e pegaram nas suas armas para arrancar finalmente o tesouro das mãos dos ladrões. E toda a gente saiu alvoroçadamente para a rua e acompanhou os soldados, cantando e gritando: «Viva a liberdade!, Viva a liberdade!».

O tesouro, 12ª edição,
Associação 25 de Abril & April, 1993. (pp. 8-12)
http://www1.ci.uc.pt/cd25a/wikka.php?wakka=tesourobd

A. 축소사와 증대사

축소사: 명사, 형용사, 부사 등의 어미에 붙여서 그 단어에 애정, 친절함, 강조, 경멸 등의 의미를 첨가하는 접미사이다. 그 대표적인 것들을 예로 들면 -inho(a), -zinho(a), -ito(a), -ote(a) 가 있다.

▶ 가장 일반적으로 많이 쓰이는 접미사: -inho, -inha
Comprei uma casinha na praia.

▶ 다음의 경우에는 -zinho, -zinha가 붙는다.
악센트가 있는 음절로 끝나는 단어
café - cafezinho 커피
mulher - mulherzinha 여자
papel - papelzinho 종이

이중모음으로 끝나는 단어에 붙는다.
pai - paizinho 아버지
boa - boazinha 좋은

비음으로 끝나는 단어에 붙는다.
bom - bonzinho 좋은
mãe - mãezinha 어머니
irmão - irmãozinho 남동생

▶ 다른 축소사들

-acho: rio	개천	- riacho	작은 시내
-ebre: casa	집	- casebre	황폐한 집
-eco: livro	책	- livreco	쓸데없는 책
-ete: sabão	세탁비누	- sabonete	화장비누
-im: espada	검	- espadim	작은 검
-ino: pequeno	작은	- pequenino	아주 작은
-ola: rapaz	청년	- rapazola	소년

증대사: 명사, 형용사 등의 어미에 붙여서 그 단어에 크기, 훌륭함, 강조, 경멸 등의 의미를 첨가하는 접미사이다. 그 대표적인 것들을 예로 들면 -ão, -(z)arrão, -aco(ã), -rão가 있다.

▶ 가장 일반적으로 쓰이는 접미사: -ão

caixa - caixão	상자
homem - homenzarrão	남자
mulher - mulherão	여자
rico - ricaço	부자

▶ 기타 증대사들

-alho(a): muro	벽	- muralha	성벽
-arra: boca	입	- bocarra	큰 입
-asco: penha	암석	- penhasco	큰 암석
-eiro(a): fogo	불	- fogueira	횃불
* cruz	십자가	- cruzeiro	큰 십자가

B. LEITURA

Menina bonita do laço de fita

Era uma vez uma menina linda, linda. Os olhos dela pareciam duas azeitonas pretas, daquelas bem brilhantes.

Os cabelos eram enroladinhos e bem negros, feito fiapos da noite. A pele era escura e lustrosa, que nem o pêlo da pantera negra quando pula na chuva.

Ainda por cima, a mãe gostava de fazer trancinhas no cabelo dela e enfeitar com laço de fita colorida. Ela ficava parecendo uma princesa das Terras da África, ou uma fada do Reino do Luar.

Do lado da casa dela morava um coelho branco, de orelha cor-de-rosa, olhos vermelhos e focinho nervoso sempre tremelicando. O coelho achava a menina a pessoa mais linda que ele tinha visto em toda a vida. E pensava:

— Ah, quando eu casar quero ter uma filha pretinha e linda que nem ela...

Por isso, um dia ele foi até a casa da menina e perguntou:

— Menina bonita do laço de fita, qual é teu segredo pra ser tão pretinha?

A menina não sabia, mas inventou:

— Ah, deve ser porque eu caí na tinta preta quando era pequenina...

O coelho saiu dali, procurou uma lata de tinta preta e tomou banho nela. Ficou bem negro, todo contente. Mas aí veio uma chuva e lavou todo aquele pretume, ele ficou branco outra vez. (...)

Ana Maria Machado,
Menina bonita do laço de fita,
Editora Ática, 2004.

C. LEITURA

O velho, o rapaz e o burro

Era uma vez um homem muito velho que tinha na sua companhia um neto, filho de uma sua filha já falecida, como falecido era o marido desta. Teve o velho de ir a uma feira vender um jumento e como o neto era rapazola muito turbulento, não o quis deixar sozinho em casa, e levou-o consigo.

O jumento era já adiantado em anos e o velho para não o estropiar resolveu levá-lo adiante, caminhando a pé avô e neto.

Passaram a um lugar onde estava muita gente a brincar na estrada.

Olhem aqueles brutos! Vão a pé atrás do burro que se não dá da tolice dos donos.

O velho disse ao neto que se pusesse em cima do burro.

Mais adiante passaram próximo doutros sujeitos que se puseram a dizer:

— O mariola do garoto montado, e o velho a pé; o que um tem de esperto tem o outro de bruto.

O velho então mandou apear o neto e ele montou-se no burro.

Mais adiante começaram a gritar:

— Olhem o velho se é manhoso! A pobre criança a pé e ele repimpado no burro.

— Salta para cima do burro — ordenou o velho ao neto.

O garoto não esperou que o avô repetisse a ordem e lá foram os dois sobre o jumento.

Andaram assim alguns passos e logo viram muita gente sairlhes à estrada, cheia de indignação e gritando ameaçadora:

— Infames! Criminosos! Canalhas! Matar o animalzinho com o peso de dois alarves, podendo ir a pé.

O velho e a criança foram obrigados a descer do burro.

Então disse o avô ao neto:

— É para que saibas o que são as línguas do mundo: preso por ter cão e preso por o não ter.

Recolha de Ataíde Oliveira,
Contos Tradicionais Portugueses,
Liv. Figueirinhas, Porto

제 2 부

대학포르투갈어

A união

As quatro formigas fizeram facilmente o trabalho que uma só não pode realizar.

Na vida tudo é assim. É a união que faz a grandeza.

— Que é um grão de areia? Que é uma faísca? Que é uma gota de água? Que é um grão de trigo? Que é um minuto?

— Quase nada.

No entanto, na vida, tudo é feito desse quase nada. Esse quase nada é tudo.

Uma gota, mais uma gota, mais outra, e eis um fio de água. Este desce da montanha e, no caminho, une-se a outros fios de água, formando um regato. Mais adiante já é o córrego, o rio e por fim o mar, o mar imenso, que circunda os continentes.

O mesmo se dá com o minuto: sessenta minutos formam uma hora, vinte e quatro horas fazem um dia, sete dias compõem a semana, quatro semanas e alguns dias completam o mês e assim, sucessivamente, vêm os anos e os séculos.

É com as pedras pequenas que se fazem as calçadas, diz o povo. E o povo tem razão.

As colmeias representam o esforço e a inteligência de milhares de abelhas. O formigueiro é o trabalho de um exército de formigas.

A união é tudo na vida.

1. VOCABULÁRIO

Regato	é corrente de água menor do que ribeiro. O ribeiro sai sempre de uma fonte.
Córrego	é uma corrente de água estreita, apertada entre margens altas.
Sucessivamente	que vem depois ou em seguida.
Colmeia	cortiço ou alojamento de abelhas.

2. EXERCÍCIOS

ⓐ Marque, com uma cruz, F (falso) ou V (verdadeiro), de acordo com a lição:

1) A união faz a força.
F ( )   V ( )

2) O mar é formado pelo córrego.
F ( )   V ( )

3) As quatro formigas fizeram o trabalho de uma.
F ( )   V ( )

4) Um século tem cem anos.
F ( )   V ( )

5) Um dia tem vinte e quatro horas.
F ( )   V ( )

ⓑ Complete:

Uma hora tem ____________ minutos.

Um minuto tem _____________ segundos.

Um dia tem ___________ horas.

Uma semana tem ___________ dias.

Lição 24

Anjo da guarda

Deus chamou um anjo e lhe disse:

— De agora em diante você será anjo da guarda. Vá até à Terra e escolha uma criança para proteger.

O anjo foi à Terra e logo voltou para dizer a Deus:

— Descobri uma linda criança. Gostava de ser o seu anjo da guarda, mas ela já tem um a seu lado. É pena...

Deus sorriu e explicou:

— Esse anjo que você viu é a mãe da criança. Todas as crianças têm dois anjos para protegê-las: um é o anjo do céu, o outro é sua mãe, o anjo da Terra. Volte, pois, para junto dessa criança e cumpra sua missão.

1. VOCABULÁRIO

Missão	encargo, obrigação.

2. EXERCÍCIOS

ⓐ Responda:

1) O que Deus disse ao anjo?

2) De volta ao céu, o que o anjo disse a Deus?

3) Qual a explicação dada por Deus?

Lição 25

Galo mentiroso

Havia um galo, vaidoso e mentiroso.

Todos os dias, antes de o Sol despontar, ele dizia às galinhas que o rodeavam:

— Sou eu que faço o Sol nascer!

Quando o Sol aparecia, ele batia as asas e cantava:

— Quiquiriqui! Quiquiriqui!

As galinhas o respeitavam e diziam entre elas:

— Esse galo tem um grande poder!

Certa manhã o galo dormiu demais. Ao acordar, o Sol já estava alto. Então, a rir, as galinhas falaram:

— Esse galo é mentiroso! A nós ele não engana mais!

E a olhá-lo com pouco caso, cacarejavam:

— Cocoreco... Cocoreco...

1. VOCABULÁRIO

Vaidoso	quem tem vaidade. Vaidade é um desejo exagerado de atrair a atenção dos outros.
Despontar	surgir, aparecer.

2. EXERCÍCIOS

ⓐ Marque com uma cruz a palavra certa, de acordo com a lição:

1) O galo era

( ) valente ( ) medroso ( ) vaidoso

2) As galinhas falaram: — Esse galo é

( ) engraçado ( ) barulhento ( ) mentiroso

ⓑ Qual das orações está mais de acordo com a lição:

( ) Quem tudo quer, tudo perde.

( ) A mentira tem pernas curtas.

( ) É melhor um pássaro na mão que dois voando.

국회의사당

Lição 26

As orelhas do burro

Quando Deus fez o paraíso terrestre, também criou os animais e deu-lhes um nome. Ao cabo de alguns dias, o Todo-Poderoso desejou verificar se os bichos ainda se lembravam de seus nomes. Por isso chamou-os e perguntou a cada um deles:

— Como se chama?

— Macaco.

— E você?

— Girafa.

— E você?

— Elefante.

Chegou a vez de perguntar ao burro:

— Qual é o seu nome?

O burro procurou lembrar-se, porém não conseguiu. Zangado, Deus puxou-lhe as orelhas e lhe disse:

— Burro, burro! Você será sempre burro!

É por isso que esse animal possui orelhas tão compridas. Foi Deus quem as puxou, e bastante.

1. VOCABULÁRIO

Paraíso terrestre	assim se chamava a Terra no início da criação.
Todo-Poderoso	aquele que tem todo o poder; portanto, Deus.

2. EXERCÍCIOS

ⓐ Responda de acordo com a estória:

1) Quem deu os nomes aos animais?
2) Qual deles se esqueceu de seu nome?
3) O que aconteceu ao burro?
4) Quais os animais que aparecem nesta estória?

상파울루의
어제와 오늘

Lição 27

Galo esperto

Um galo e um cachorro resolveram fazer juntos uma grande viagem.

Ao atravessarem um bosque, a noite os surpreendeu.

— Numa escuridão tão grande — disse o cachorro — o melhor que temos a fazer é dormir. Eu vou me acomodar naquela bonita moita.

— Está certo — falou o galo. — Eu também vou descansar, empoleirando-me no alto desta árvore. Lá ficarei mais seguro. No dia seguinte, antes de o Sol nascer, o galo cantou. Ao ouvi-lo, uma raposa se aproximou e disse:

— Bom dia, mestre galo! Como você canta bem! Por favor, desça daí e venha me ensinar a cantar.

— Eu ensino, mas suba até onde estou.

— De que jeito? Eu não sei subir em árvores.

— Nada mais fácil. Acorde um amigo meu que está dormindo naquela moita. Com a ajuda dele você chegará até aqui.

Mas a raposa nem teve tempo de ir até à moita. Surgindo dela, o cachorro a fez fugir.

1. VOCABULÁRIO

Moita	grupo espesso de plantas.

2. EXERCÍCIOS

ⓐ Marque com uma cruz sim ou não, de acordo com a lição:

1) Um galo e um cachorro foram viajar.
( ) sim ( ) não
2) O galo escondeu-se numa moita.
( ) sim ( ) não
3) O galo cantou depois que o sol nasceu.
( ) sim ( ) não
4) A raposa queria comer o galo.
( ) sim ( ) não
5) O amigo do galo era o cachorro.
( ) sim ( ) não
6) A raposa foi acordar o cachorro.
( ) sim ( ) não

Lição 28

O grande amigo

Tio Leo julgava-se um homem completamente feliz.

Ao vê-lo sempre alegre e cantando, seus conhecidos perguntavam:

— Qual é o segredo de tanta alegria, Tio Leo?

Ele ria e respondia:

— Minha alegria não tem segredo. Vivo alegre graças à companhia de um grande amigo!

Tio Leo não frequentava lugares onde se falava mal da vida alheia. Amigo da irmã, do cunhado e dos sobrinhos, com quem morava, ele quase não saía de casa. Por isso, os estranhos indagavam:

— Por que não passeia e não se diverte, Tio Leo?

Ao ouvir o conselho, ele respondia:

— Eu me divirto bastante! Divirto-me com meu grande amigo!

Aos que lhe gabavam a saúde, ele logo dizia:

— Devo a minha saúde ao meu grande amigo!

Intrigados com o tal amigo que ninguém conhecia, um dia lhe perguntaram:

— Afinal de contas, quem é esse amigo de quem tanto fala?

Com cara de espanto, Tio Leo respondeu:

— Então, ainda não sabem? Ele é um amigo que me acompanha desde o tempo que eu era menino. É um amigo que nunca me aborreceu e nem me traiu. Graças a ele tenho saúde, sou alegre e feliz!

— Mas diga, homem! Onde está esse amigo que nunca vimos?

A rir, Tio Leo respondeu:

— Se vocês não o veem é porque são cegos! Meu grande amigo é o trabalho!

1. VOCABULÁRIO

Frequentar	visitar muitas vezes.
Vida alheia	vida dos outros, de outrem.
Estranhos	aqueles que não pertencem à família.
Gabavam	elogiavam.
Intrigados	curiosos, com a curiosidade excitada.

2. EXERCÍCIOS

ⓐ Marque com uma cruz a resposta certa, de acordo com a lição:

1) Tio Leo era feliz porque
( ) passeava muito
( ) vivia em companhia dos sobrinhos
( ) tinha um grande amigo

2) O amigo de Tio Leo era
( ) um menino
( ) o trabalho
( ) um velho

Lição 29

Na vida é assim

Na escuridão de uma noite fria, um homem, que na vida só fizera o mal, caminhava por uma estrada.

Ao vislumbrar uma choupana, ele aproximou-se dela e bateu à porta.

Lá de dentro, uma voz perguntou:

— Quem é?

— Sou um pobre homem, com frio, fome e sede. Por favor, deixe-me entrar.

O dono da choupana abriu-lhe a porta, deu-lhe pão e água. Depois, oferecendo-lhe uma esteira, disse-lhe:

— Durma aqui esta noite. Amanhã seguirá seu caminho.

Madrugada alta, o ingrato levantou-se, roubou o pouco que havia de valor na choupana e fugiu.

Na sua fuga pela escuridão, ele caiu num buraco e quebrou a perna. Quando o sol surgiu — oh, bom Deus! — foi o dono da choupana quem o socorreu.

1. VOCABULÁRIO

Vislumbrar	ver imperfeitamente, sem certeza.
Choupana	pequena casa rústica, modesta. Cabana, choça.
Fuga	ato de fugir, saída, retirada.

2. EXERCÍCIOS

ⓐ Marque com uma cruz a resposta certa de acordo com a lição:

1) A noite estava

( ) clara ( ) fria ( ) quente

2) O homem que pediu abrigo era

( ) bom ( ) honesto ( ) mau

3) O dono da choupana foi

( ) maldoso ( ) ingrato ( ) bondoso

ⓑ Uma casa rústica é uma choupana. Como chamaríamos uma casa grande e rica?

____

세계제1의 축구경기장 (20만 수용), 펠레

Lição 30

Formiguinha inteligente

Uma formiguinha caminhava à procura de alimentos.

Depois de muito andar, encontrou uma folha no chão.

Que alegria! Era a primeira vez que ela partilhava dos serviços de suas companheiras. Ela deu várias voltas em torno da folha e depois tentou arrastá-la. Qual o quê! a folha era pesada demais!

Então tratou de pôr em prática o exemplo das outras formigas. Saiu apressada à procura de algumas companheiras.

Perto dali, encontrou três delas, ocupadas em suas tarefas.

— Por favor — pediu ela. — Querem me ajudar a carregar uma folha? É uma folha tenra e gostosa!

As três formigas a seguiram.

Ao chegarem junto da folha, as quatro trataram de arrastá-la até o celeiro.

1. VOCABULÁRIO

Partilhava	tomava parte em. Partilhar também pode ser usado no sentido de dividir em partes, repartir, distribuir.
Tarefa	trabalho que se há de concluir em determinado tempo.
Tenra	mole, macia, delicada.

Celeiro	depósito de provisões. Provisão é abundância de coisas necessárias ou proveitosas.

2. EXERCÍCIOS

ⓐ Responda:

1) O que a formiga procurava?
2) Por que ela ficou alegre?
3) Por que não pode carregar a folha?
4) Então o que fez a formiguinha?
5) Como conseguiu levar a folha ao celeiro?

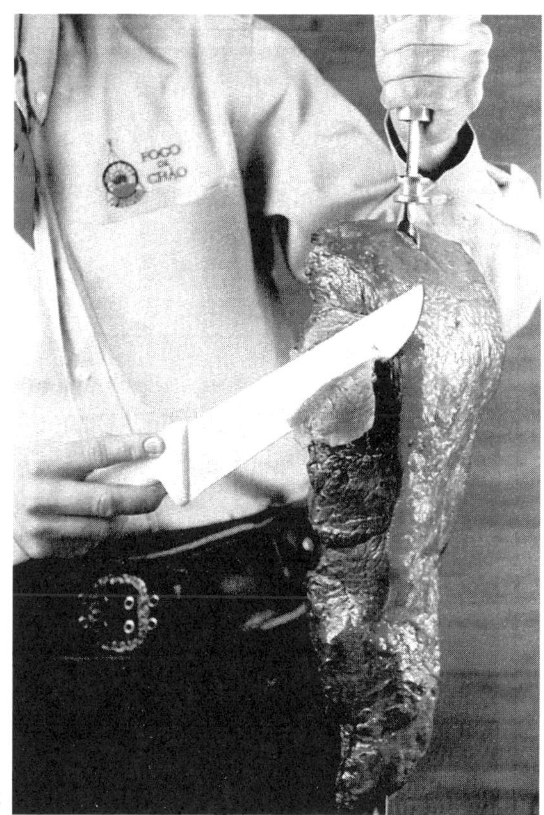

슈하스꾸

Lição 31

A lenda do galo de Barcelos

Há muitos anos uma família de peregrinos que passou por Portugal hospedou-se numa estalagem minhota e como levava um grande farnel e fazia pouca despesa, o hospedeiro, que era muito ganancioso, levou os peregrinos ao juiz e disse que eles o tinham roubado.

O pobre chefe de famíla, que não tinha ninguém para o defender, pois era desconhecido naqueles sítios, foi condenado à morte.

Desesperado, foi ao seu farnel, tirou um frango e disse:

— É tão verdade eu estar inocente, como este galo cantar.

E o curioso é que o galo cantou mesmo!

Hoje o galo de Barcelos, feito de barro colorido, é conhecido até no estrangeiro e lembrará sempre esta lenda.

Isabel Coimbra Leite & Olga Mata Coimbra,
Português sem fronteiras 2,
Edições técnicas, 1990. (p. 104)

1. VOCABULÁRIO

Estagem	pousada, hospedaria.
ganancioso	que tem ambição de ganhar.

Farnel	alimentos levados em pequena viagem. Saco para esses alimentos.
Frango	galo quando ainda novo.

2. EXERCÍCIOS

ⓐ Responda às perguntas:

1) Em que província portuguesa se situa Barcelos?
2) Porque é que o hospedeiro levou os peregrinos ao juiz?
3) Porque é que o peregrino foi condenado à morte?
4) Porque é que o pobre chefe de família não tinha ninguém para o defender?
5) Qual é a figura do artesanato português que simboliza Barcelos? De que material é feita?

바르셀로스의 닭

Lição 32

Somos todos irmãos

Lúcia era uma menina rica e orgulhosa. Na escola ela não se aproximava de suas coleguinhas pobres. Pelo contrário, tratava-as com desdém.

Seu pai, que a conhecia muito bem, disse-lhe um dia:

— Quero lhe contar uma pequena estória, minha filha. É uma estória que encerra grande sabedoria.

Em tempos que vão longe, os escravos lavavam os pés de seus donos.

Jesus, que conhecia o orgulho dos homens, certa vez quis dar-lhes um exemplo de humildade e caridade cristã. Então, que fez? Ele ajoelhou-se diante de seus discípulos e lavou-lhes os pés.

Pense em Jesus, minha filha, e aprenda a sua lição.

Se o orgulho é uma estupidez, a humildade é a maior das virtudes. Brancos ou pretos, ricos ou pobres, somos todos iguais, somos todos irmãos.

A partir desse dia, Lúcia emendou-se. Agora ela é simples e modesta. Na escola as colegas a querem bem e ela sente-se completamente feliz.

1. VOCABULÁRIO

Desdém	desprezo.
Humilde	modesto, aquele que conhece sua fraqueza.
Caridade cristã	amor ao próximo.
Sabedoria	saber.

2. EXERCÍCIOS

ⓐ Dê o contrário de:

rico - ________________ feio - ________________

branco - ______________ igual - ________________

humilde - ____________ bom - ________________

세계 8대
석유매장국으로
부상한 브라질 대륙붕

Lição 33

Os dois gatos

Havia dois gatos, um gordo e bem tratado, outro magro e faminto. O primeiro tinha dono e era mimado. O segundo, coitado, nem casa tinha.

Certa vez os dois se encontraram no alto de um muro. O gato grã-fino logo disse:

— Desocupe o caminho, que eu quero passar! Não está vendo que sou um gato de trato e você é um joão-ninguém?

— Alto lá com essa importância! — respondeu o outro. — Gato sou eu tanto quanto você!

— Ah, isso é que não! Eu valho mais do que você!

— Em que você vale mais? Não mia como eu?

— Mio.

— Não caça ratos?

— Caço.

— Não come ratos?

— Como.

— Se assim é, qual a diferença entre nós dois?

Desconcertado, o outro disse:

— Mas eu sou um gato de sorte!

— Deixe de falar bobagem. Sorte não é qualidade nem valor. E agora arranje outro caminho. Por aqui você não passa!

1. VOCABULÁRIO

Mimado	criado com muito mimo, carinho.
Faminto	esfomeado
João-ninguém	indivíduo sem valor, sem importância.
Desconcertado	atrapalhado, desorientado.
Valor	preço, mérito, estimação. O gato não era de estimação, como o outro.

2. EXERCÍCIOS

ⓐ Responda a estas perguntas, de acordo com a lição:

1) Quais eram as diferenças que apresentavam os dois gatos?
2) Por que o gato gordo achava que tinha mais direitos que o outro?
3) Como o gato magro provou que era igual ao outro?
4) Como mostrou que tinha os mesmos direitos?

Lição 34

Conversa de ratos

Dois ratos encontraram-se num terreno baldio e começaram a conversar:

— Então, como vai?

— Vou bem. E você?

— Vou muito mal.

— Por quê?

— Ah! Você ainda pergunta? Eu vivia feliz nessa casa, aí ao lado. Tinha de tudo e levava um vidão. Agora um gato apareceu por lá e minha vida mudou.

— Ele é bravo?

— É bravo e ligeiro como um corisco. Ainda na semana passada, ele quase me pegou. Mal tive tempo de entrar na minha toca. Ainda assim, fiquei sem meu rabo...

— É. O bicho é perigoso. Mas você tem um jeito de livrar-se dele.

— Qual é?

— Amarre-lhe um guizo no pescoço. Assim, quando ele se aproximar, você ouvirá o guizo e terá tempo de fugir.

Ao receber o conselho, o rato arregalou os olhos e exclamou:

— Nenhum rato ousará amarrar um guizo no pescoço daquele gato! Só se estiver louco!

— Então, meu amigo, você só tem uma coisa a fazer: mude-se da casa. E mude-se depressa, antes que seja tarde demais...

1. VOCABULÁRIO

Baldio	inútil, terreno não cultivado.
Corisco	faísca elétrica.
Toca	buraco onde se abrigam coelhos ou outros animais.
Guizo	globozinho oco, de metal, que produz som ao agitar-se, com as bolinhas que contém.

2. EXERCÍCIOS

ⓐ Responda:

1) Por que o rato se queixava da vida?
2) Por que o gato era perigoso?
3) Como o rato perdeu seu rabo?
4) Qual o conselho que o outro rato lhe deu?
5) Que você achou desse conselho?

Lição 35

As duas palavras mágicas

Um pai dizia ao filho:

— Existem duas palavras que são mágicas. Elas despertam simpatia e mostram a boa educação de quem as usa.

— Quais são essas duas palavras, papai?

— Veja se as descobre na estória que vou contar:

Um homem aproximou-se de um motorista de praça e perguntou-lhe:

— Seu carro está livre?

— Está, sim senhor.

— Então me leve até a Estação Central.

Durante o trajeto, o motorista pensava: "Este passageiro é antipático e mal educado".

Na Estação Central, já com o carro vazio, um senhor perguntou-lhe:

— Por favor, pode levar-me até a cidade?

— Com muito prazer.

Enquanto o carro rodava, o motorista pensava: "Este passageiro é diferente do outro. Ele é simpático e bem educado".

— Agora me diga, meu filho: quais são as duas palavras mágicas?

O filho sorriu e respondeu:

— O senhor ainda pergunta, papai?

1. VOCABULÁRIO

Simpático	é a pessoa que tem simpatia, isto é, qualidade que une e atrai, agradável.
Antipático	ao contrário de simpático, é a pessoa que não tem simpatia, não é agradável...

2. EXERCÍCIOS

ⓐ Responda:

1) Quais são as duas palavras mágicas da lição?

2) Você costuma empregá-las?

3) Quando se deve usar essas duas palavras?

4) Quais as palavras que você usa para agradecer?

Lição 36

O mau rei

Havia um rei muito apegado às riquezas. Sua grande alegria era colecionar pedras preciosas e acumular ouro e prata. Preocupado apenas com seus bens, ele se esquecia do seu povo, que vivia abandonado no sofrimento e na miséria.

Um dia, seu reino foi invadido por um poderoso exército. Depois de renhida luta, o mau rei foi vencido e aprisionado.

Levado à presença do general vencedor, este lhe disse:

— Conheci os teus palácios. Eles são os mais ricos que já vi. Conheci, também, a famosa Torre do Reino, onde, guardavas tuas fabulosas riquezas. Só o ouro que existe dentro dela daria para acabar com a miséria no teu reino.

Por que, mau rei, enquanto acumulavas tão imensa fortuna, esquecias teu povo na mais extrema pobreza?

Ajoelhado e de cabeça baixa, o rei nada respondeu.

— Vou castigar-te. — prosseguiu o general. — Serás encarcerado na Torre do Reino. Lá terás o ouro que tanto amas. Só não terás água e pão.

Aprisionado na famosa torre, o mau rei sofreu o suplício da fome e da sede. E cercado de ouro, morreu desprezado pelo seu povo.

1. VOCABULÁRIO

Acumular	amontoar, ajuntar.
Invadido	ocupado à força.
Renhida	disputada.
Fabulosas	incríveis, enormes.
Fortuna	riqueza.
Encarcerado	preso em cárcere, preso em cadeia ou em lugar muito pequeno.
Suplício	castigo, grande punição corporal.

2. EXERCÍCIOS

ⓐ O mau rei e o bom rei. Mau e bom são qualidades do rei. Como ainda poderia ser o rei?
Generoso, ________________________________.

Lição 37

Os três machados

Certo camponês deixou cair seu machado no rio. Por isso, ficou angustiado e pôs-se a chorar.

Ouvindo seu pranto, o Gênio das Águas aproximou-se dele e mostrou-lhe um machado de ouro:

— É este o teu machado?

— Não, não é esse.

O Gênio apresentou-lhe um de prata:

— É este?

— Não, também não é esse.

Então o Gênio das Águas mostrou-lhe o machado de aço que ele tinha perdido no rio:

— Por acaso é este?

— Sim, — disse o camponês, contente. — Esse é o meu machado.

Para recompensá-lo pelo seu procedimento, o Gênio das Águas presenteou-o com os machados de ouro e prata.

Regressando à sua casa, o camponês contou a alguns amigos tudo que lhe acontecera. Um deles quis imitá-lo: foi ao rio, jogou seu machado nas águas e começou a chorar.

Não demorou, o Gênio apareceu com um machado de ouro na mão:

— É este o teu machado?

— Sim! — exclamou o homem com alegria. — É esse mesmo!

— És um grande mentiroso. Agora, se quiseres teu machado de volta, vai buscá-lo no fundo do rio.

1. VOCABULÁRIO

Angustiado	aflito, ansioso.
Pranto	choro, lágrimas.
Gênio	espírito do bem ou do mal, que, segundo os antigos, estava presente na vida de cada um.
Procedimento	comportamento.
Regressando	voltando.

반데이란치상

2. EXERCÍCIOS

ⓐ Marque com uma cruz a resposta certa, de acordo com a lição:

1) O camponês estava aflito porque

( ) tinha perdido um machado de aço no rio

( ) quebrara um machado de aço

( ) perdera um machado de prata no rio

2) O Gênio recompensou o camponês porque

( ) ele foi bom

( ) ele foi honesto

( ) ele foi generoso

3) O amigo do camponês foi castigado porque

( ) quis seu machado

( ) falou a verdade

( ) mentiu

A velha tia

Uma pobre velha vivia na casa de duas sobrinhas. Elas eram solteironas e más.

Cansada de sofrer, a coitada pensava: "Que devo fazer para ser melhor tratada?"

Um dia ela disse às sobrinhas:

— Estão vendo este pequeno cofre? Dentro dele guardo minhas jóias.

As duas solteironas entreolharam-se espantadas.

— Estas jóias — prosseguiu a velha — eu as herdei de minha mãe. Depois de muito pensar, resolvi dá-las àquela de vocês duas que melhor cuidar de mim.

Assim falando, ela guardou o cofre num baú e fechou-o à chave.

A partir daquele dia, as sobrinhas passaram a fazer tudo pela tia. Davam-lhe boa comida, lavavam suas roupas, consertavam seus vestidos e a tratavam com carinho.

Anos depois a velha morreu. Sem se incomodarem com a morta, as duas interesseiras arrombaram o baú, agarraram o cofre e começaram a brigar:

— Ele é meu! — gritava uma. — Fiz tudo pela velha!

— Seu, nada! — berrava a outra. — Eu fazia sua comida e até

banho lhe dava! O cofre é meu!

Depois de muita discussão, elas chegaram a um acordo: as jóias seriam divididas entre as duas. Mas ao abrirem o cofre, levaram um grande susto! Dentro dele só havia uma carta. A tremerem, elas leram:

"Caras sobrinhas. Graças ao meu cofre, vivi alguns anos de vida regalada e feliz. Obrigada, muito obrigada! O adeus da tia Justina".

1. VOCABULÁRIO

Solteironas	mulheres de meia-idade ou mais, que não se casaram. O masculino é solteirões.
Entreolharam-se	olharam uma para a outra.
Herdei	recebi por herança. Herança são os bens deixados por alguém que morre.
Baú	caixa retangular de folha ou madeira (e, neste caso, coberta de couro cru) com tampa.
Interesseiras	que só atendem ao seu interesse.
Arrombaram	abriram à força.
Regalada	tranquila, sossegada.

2. EXERCÍCIOS

ⓐ Responda:

1) Que disse a velha às sobrinhas?

2) Onde ela guardou o cofre?

3) Por que as sobrinhas tratavam bem a tia?

4) Após a morte da tia por que elas brigaram?

5) A que acordo chegaram?
6) Que encontraram dentro do cofre?
7) As sobrinhas ficaram contentes, zangadas ou desapontadas?
8) Que acha você da tia Justina?

Lição 39

O burro e a tartaruga

Havia um burro metido a inteligente e sabido.

Um dia ele humilhou uma tartaruga na presença de outros animais. Chamou-a de lerda e preguiçosa.

A tartaruga não se zangou. Apenas lhe disse:

— Não sou tão lerda e preguiçosa como pensa. Quer apostar uma corrida comigo?

O burro riu a valer. E mais para divertir-se, aceitou o desafio.

De acordo com o trato que fizeram, a corrida seria do lugar onde estavam até um brejo que ficava longe dali. Quem a perdesse, levaria uma surra da bicharada.

Um macaco encarregou-se de dar a ordem de partida. Depois de emparelhá-los, ele disse:

— Conto até três e podem sair correndo. Atenção! Um... dois... três!

O burro saiu na frente, deixando a tartaruga muito atrás...

Ao passar por um capinzal, ele parou para olhar. Como não visse nem sinal da tartaruga, resolveu comer capim.

Depois, com a barriga cheia, deu mais uma corrida na direção do brejo. Mas ao ver a sombra de uma árvore, não resistiu à vontade de tirar uma soneca.

A tartaruga sabia que o burro era comilão e dorminhoco. Por

isso caminhava sem parar, com esperança de ganhar a corrida.

Horas depois ela viu o burro ferrado no sono. Passou por ele sem fazer barulho. E sempre a andar, sem nunca descansar, ela conseguiu chegar até o brejo, onde a bicharada a recebeu com muita festa.

Quando o burro apareceu, levou uma grande vaia. Ele quis se justificar mas os bichos lhe disseram:

— Trato é trato, seu burro. Agora você vai apanhar!

E o coitado apanhou a valer.

1. VOCABULÁRIO

Humilhou	rebaixou.
Lerda	vagarosa.
Brejo	terra alagadiça.
Emparelhar	pôr de par a par.
Capinzal	terreno coberto de capim de qualquer espécie.

파두

2. EXERCÍCIOS

ⓐ Complete com adjetivos da lição:

O burro era metido a ______________________ e ______________.

Ele chamou a tartaruga de ____________________ e ________________.

A tartaruga sabia que o burro era ________________ e ________________.

ⓑ Complete com verbos:

Quem é dorminhoco ______________ muito.

Quem é comilão ______________ muito.

Quem é lerdo ______________ devagar.

A velhinha da choupana

Eram três irmãs, ainda meninas: Maria, Marta e Helena.

Um dia, passeando pelo campo, elas viram uma choupana no alto de uma colina e resolveram ir até lá.

Ao entrarem na choupana, depararam com uma velhinha deitada numa cama.

— Estou muito doente — disse a coitada. — Não tenho pão para comer e nem água para beber...

As meninas eram boas e trataram de ajudá-la. Marta correu para buscar água numa fonte e Helena apressou-se em apanhar frutos silvestres que vira no caminho. Enquanto isso, Maria ficou cuidando da pobre doente.

Mais tarde, grata às três irmãs, a velhinha disse:

— Deus as abençoe, minhas filhas. Graças a vocês, matei minha fome e mitiguei minha sede. Agora me sinto muito melhor.

Em sinal de gratidão, quero satisfazê-las em seus maiores desejos. Não se acanhem e peçam o que quiserem. Eu as atenderei.

Mais por brincadeira, Marta pediu:

— Eu quero ser rica!

— Eu — disse Helena — quero ser linda!

Como Maria não lhe pedisse nada, a velhinha indagou:

— E você, menina, que deseja?

— Bem... eu gostaria de ser boa, muito boa...

Com ternura nos olhos, a velhinha afirmou:

— Vocês vão ter o que me pediram. Agora voltem para casa, que já é tarde.

As três irmãs agradeceram e saíram.

Ao descerem a colina, elas olharam para trás e não viram mais a choupana. Espantadas, só então compreenderam que a velhinha era uma fada...

1. VOCABULÁRIO

Choupana	cabana, pequena casa rústica, choça.
Depararam	encontraram, toparam.
Silvestres	selvagens, no sentido de vegetais que brotam sem cultivo.
Mitiguei	aliviei, acalmei.
Gratidão	reconhecimento por um benefício recebido. Quem tem gratidão é grato.
Indagou	perguntou.
Colina	pequeno monte.

2. EXERCÍCIOS

ⓐ Responda:

1) Onde Marta foi buscar água?
2) Onde Helena foi buscar os frutos silvestres?
3) Enquanto isso, que fez Maria?
4) Em sinal de gratidão que disse a velhinha?
5) Que pediu Marta? E Helena? E Maria?
6) Como as meninas puderam compreender que a velhinha era uma fada?

Lição 41

O retrato do rei

Havia um rei de pernas finas, curtas e tortas. O aleijão era a sua grande tristeza. Para escondê-lo, o rei só se apresentava aos seus súditos sentado em seu trono.

Certa vez, ele mandou chamar um famoso pintor e lhe disse:

— Quero que pintes meu retrato. Se fizeres o trabalho a meu gosto, dar-te-ei cem moedas de ouro. Caso contrário, serás castigado.

O pintor era honesto. Por isso, pintou o rei tal qual ele era.

Ao ver o retrato, o rei encolerizou-se:

— Como te atreves a retratar-me com pernas tão finas, curtas e tortas? Por acaso não aprendeste a respeitar teu soberano? Agora pagarás caro pela tua ousadia. Ao invés das cem moedas de ouro, receberás justo castigo!

E assim, o pobre pintor foi jogado no fundo de uma prisão.

Tempos depois, o rei mandou chamar outro pintor e lhe disse:

— Vais pintar meu retrato. Pagarei cem moedas de ouro pelo teu serviço. Mas desde já ficas prevenido: se o retrato não me agradar, receberás exemplar castigo.

Sem se incomodar com as ameaças do rei, o pintor voltou para casa e pôs-se a trabalhar.

Preocupados, seus amigos lhe perguntavam:

— Você não tem medo das ameaças do rei? Como o pintará? Com o aleijão ou sem ele?

O pintor os tranquilizava:

— Não se incomodem. Tenho imaginação e sei como satisfazê-lo...

Duas semanas depois, ele levou seu trabalho ao rei. Ao vê-lo, o monarca exclamou:

— Bravo! Este é bem o retrato que eu queria! És o maior dos pintores! Ao invés de cem, receberás duzentas moedas de ouro!

Quando o pintor saiu do palácio, um amigo que o esperava perguntou-lhe surpreso:

— Pelo que vejo, o rei gostou do retrato! Conte-me, homem, como conseguiu agradá-lo?

A rir, o pintor respondeu:

— Foi muito fácil. Pintei-o com água até a cintura, caçando marrecos numa lagoa...

1. VOCABULÁRIO

Aleijão	deformidade ou defeito físico ou moral.
Súditos	aqueles que estão sujeitos à vontade de outrem; vassalos.
Soberano	rei, monarca.
Ousadia	atrevimento, audácia.
Ameaças	promessas de castigo ou malefício.
Tranquilizava	sossegava, acalmava, pacificava.
Surpreso	surpreendido, admirado.

2. EXERCÍCIOS

ⓐ Marque com uma cruz a resposta certa, de acordo com a lição:

1) O rei apresentava-se a seus súditos
   ( ) de pé ao lado da rainha
   ( ) cercado de seus ministros
   ( ) sentado em seu trono

2) Certa vez o rei chamou um pintor e lhe disse:
   ( ) quero que faças o retrato da rainha
   ( ) quero que pintes meu palácio
   ( ) quero que pintes meu retrato

3) O segundo pintor fez o retrato do rei
   ( ) passeando num bosque
   ( ) caçando marrecos numa lagoa
   ( ) montado em seu fogoso cavalo

A lenda do café

Hoje, quando os meninos chegaram da Escola, pediram ao avô que lhes contasse uma história.

O Sr. Carlos prometeu atendê-los, depois que acabassem de fazer seus deveres escolares.

Após o jantar, Paulo e os irmãos sentaram-se perto do avô e este lhes disse:

— Ouçam a história que vou contar a vocês:

Há muitas lendas que explicam como se começou a usar o café.

Dentre elas, a mais conhecida é a de um jovem árabe chamado Kaldi.

Esse moço era pastor de cabras. Um dia, Kaldi notou que as cabras ficavam mais espertas, quando comiam os frutos e as folhas de um certo arbusto.

Curioso, o pastor resolveu experimentar os frutos misteriosos. Achando as sementes muito duras, lembrou-se de torrá-las. Juntou um pouco de gordura aos grãos torrados, e comeu a massa assim preparada.

Verificando que tal alimento lhe dava uma sensação de bem-estar, contou o que sentia a um monge de um mosteiro próximo. Este, por sua vez, colheu alguns frutos, preparando com eles uma bebida, com água fervente.

Sentindo que a bebida dava forças, preparou-a para os outros monges.

Os monges levantavam-se durante a noite para cantar salmos, sendo, muitas vezes, quase vencidos pelo sono. Com o uso do café, conseguiram passar a noite sem dormir e bem dispostos.

O povo começou a imitar os monges, adotando o uso da bebida milagrosa, que dava forças e bem-estar. Essa bebida era o café.

1. VOCABULÁRIO

Lenda	conto, história fantástica, crença do povo.
Jovem	moço.
Árabe	pessoa que nasce na Arábia.
Pastor	guardador de animais.
Espertas	vivas, ativas.
Arbusto	pequena árvore com menos de três metros de altura que ramifica desde a base.
Misteriosos	em que há mistério, em que há segredos, coisa sem explicação.
Sensação	impressão.
Bem-estar	conforto, satisfação.
Monge	religioso de mosteiro.
Salmos	cânticos religiosos.
Milagrosa	que faz milagres, maravilhosa.

2. EXERCÍCIOS

ⓐ Responda:

1) Como se chamava o jovem pastor árabe?
2) Que é árabe?
3) Que acontecia às cabras quando comiam aquelas folhas e frutos?
4) Que fez o pastor para satisfazer sua curiosidade?
5) Que sentiu ele?
6) A quem contou o que sentiu?
7) Que fez, então, essa pessoa?
8) A quem deu depois para beber o que preparou?
9) Que aconteceu a essas pessoas? Que bebida era essa?

커피

Lição 43

A lenda da vitória-régia

Os velhos pajés das tribos da Amazônia contavam que a lua, todas as vezes que desaparecia por detrás das serras, escolhia uma jovem índia, transformando-a em estrela, que passava a brilhar no céu.

Um valente cacique tinha uma filha muito bonita, chamada Naiá. A jovem era clara como o leite e tinha os cabelos louros como as espigas de milho.

A moça desejava ser escolhida pela deusa Jaci, a lua, para ser transformada numa estrela cintilante.

뻴로우리뉴(살바도르)

Mas a lua não ouvia seus pedidos e a jovem, muito triste, ficou doente e começou a emagrecer.

Os pajés tudo fizeram para curá-la, sem resultado. Todas as noites, Naiá saía de casa e caminhava até amanhecer o dia, na esperança de ser vista e escolhida por Jaci.

Certa noite, quando estava cansada de andar, Naiá, sentando-se à beira de um lago sereno, viu a imagem de Jaci refletida no espelho das águas.

Atraída pela luz da lua, a índia atirou-se ao lago, desaparecendo. Semanas inteiras, a jovem foi procurada pela gente da tribo. Mas Naiá não reapareceu.

Os peixes e as plantas do lago pediram a Jaci que a moça fosse transformada numa estrela; não para brilhar no céu, mas na estrela das águas, a bela flor que abre suas pétalas à luz da lua: a vitória-régia.

1. VOCABULÁRIO

Pajé	chefe religioso e médico-feiticeiro dos índios.
Tribo	grupo de famílias de índios.
Transformar	dar nova forma, mudar, modificar,
Cacique	chefe guerreiro dos índios.
Claro	quase branco, brilhante, iluminado.
Lago	extensão de água cercada de terra.
Imagem	figura, representação, estampa.
Refletida	espelhada, retratada.
Atraída	chamada, puxada, solicitada.
Pétalas	partes principais da flor.

2. EXERCÍCIOS

ⓐ Responda:

1) Que fazia a lua com as índias que escolhia?
2) Como os índios chamavam a deusa lua?
3) Que nome tinha a moça que queria ser escolhida pela lua?
4) Que aconteceu certa noite com a jovem índia?
5) Quem pediu por ela à lua?
6) Que fez a deusa para atendê-los?

A lenda da borracha

Paulo estava lendo a descrição do modo de extrair a borracha da seringueira, quando o avô lhe perguntou:

— Você conhece a Lenda da Borracha?

— Não, vovô. Conte-me esta história.

— Os índios não sabiam fazer fogo. Só o deus Tupã era capaz de fazê-lo.

Mas, um dia, Tataitá, um famoso guerreiro, imitando Tupã, tirou fogo de duas pedras.

O deus dos indígenas, muito zangado com a sua audácia, deu-lhe um castigo terrível.

No alto de uma montanha, Tupã tinha uma grande igaçaba feita de uma pedra amarela e brilhante, na qual guardava a água que fazia cair sobre as matas e os campos, em chuvas que davam vida à terra.

Tataitá foi condenado a encher a igaçaba com água de uma fonte que corria no fundo do vale, mas só poderia transportá-la num cesto de cipó.

O infeliz guerreiro enchia o cesto e mal começava a caminhar, ele se esvaziava. E Tataitá não podia parar, recomeçando seu trabalho inútil.

A Iara, a deusa das águas, que morava naquela fonte, teve pena do guerreiro e prometeu ajudá-lo a cumprir o castigo com que Tupã o punira.

Mergulhando, a mãe-d'água trouxe na mão uma concha. Mostrando a Tataitá uma árvore alta, de tronco liso e direito, disse-lhe:

— Dê um corte no tronco daquela árvore com esta concha, e recolha o suco leitoso que escorrer do talho. Com esse líquido forre o interior do cesto. Continue depois o seu trabalho e não se arrependerá de seguir o meu conselho.

Tataitá tomou a concha, correu para a árvore ferindo-a com extenso golpe, do qual começou a escorrer um líquido branco e grosso.

Revestindo o cesto com esse líquido, ele o tornou impermeável. Tataitá pôde, então, encher o grande vaso no qual Tupã guardava a água para fazer chover.

Foi assim que Tataitá se livrou do castigo e que se descobriu a borracha.

1. VOCABULÁRIO

Descrição	narrativa, exposição escrita ou falada.
Extrair	tirar, arrancar.
Tupã	deus dos índios que era representado pelo trovão.
Audácia	atrevimento, petulância, ousadia.
Terrível	que causa medo ou terror.
Igaçaba	pote ou vaso de barro, de boca larga, que os índios usavam para guardar água ou gêneros e para enterrar os mortos.
Fonte	nascente de água.
Transportar	conduzir, levar de um lugar para outro.

Punir	castigar.
Forrar	colocar forro, revestir, cobrir.
Extenso	comprido, que tem grande tamanho.
Revestir	forrar, cobrir.
Impermeável	que não deixa passar a água ou outro líquido qualquer.

2. EXERCÍCIOS

ⓐ Responda:

1) Que estava Paulo lendo?
2) Que história o avô do menino perguntou-lhe se conhecia?
3) Quem era a única pessoa que sabia fazer fogo, entre os índios?
4) Que fez Tataitá?
5) Que lhe aconteceu, por isso?
6) Quem teve pena de Tataitá?
7) Que lhe ensinou a fazer?
8) Que foi que Tataitá descobriu com isso?

Lição 45

A lenda do mate

Paulo pediu ao avô que lhe contasse uma das bonitas histórias que sabe.

— Vou contar a você a lenda do mate, disse-lhe, o avô.

Numa grande aldeia de índios, reunidos em volta da fogueira, os guerreiros da tribo contavam suas proezas.

De repente, surgiu uma discussão entre dois famosos lutadores índios. Eram eles o jovem Piraúna, o maior nadador das redondezas, e o valente Jaguaretê, terrível como o animal do qual tinha o nome.

— Que animal é esse: Jaguaretê?!

— É uma espécie de onça. Mas, vamos à história... Jaguaretê, que tomara muito cauim, bebida feita de milho, enraivecido, pegou o tacape e esmagou o crânio do rival.

Agarrado pelos outros guerreiros, foi amarrado ao poste de tortura. Os parentes do morto tinham o direito de tirar a vida ao assassino.

Mas, o velho Curuaçu, pai de Piraúna, disse que não queria o sangue de Jaguaretê. Não fora ele que matara seu filho; fora Anhangá, o diabo, que o fizera beber demais e tirar a vida de Piraúna.

Seu castigo seria deixar a tribo e viver sozinho nos sertões. Desamarrado do poste, Jaguaretê recebeu suas armas, partindo para a floresta.

Passaram-se muitos anos até que alguns jovens caçadores da tribo descobriram, no interior da mata, uma oca ou cabana isolada, onde vivia um homem forte de cabelos brancos.

O velho recebeu-os, ofereceu-lhes uma bebida que desconheciam e contou-lhes sua história.

Era Jaguaretê, de quem os jovens indígenas tinham ouvido falar por seus pais.

Expulso da tribo, meteu-se na floresta virgem e, depois de caminhar dois dias, cansado e faminto, fora cair desfalecido em um lugar onde cresciam árvores que nunca tinha visto.

Apareceu-lhe, então, a formosa deusa Caá-Iari, protetora dos ervais, ensinando-lhe a preparar com as folhas daquelas árvores uma bebida, a mesma que lhes servira.

Graças àquela planta, que dava força e energia novas, Jaguaretê escapara da morte, conseguindo conservar-se robusto e são durante o longo tempo em que vivera afastado de seus irmãos.

O uso do mate ou caá tornou-se, então, um hábito das tribos de toda a região, onde a erva era encontrada em grandes matas.

1. VOCABULÁRIO

Aldeia	grupo de casas, povoação pequena.
Guerreiros	aqueles que guerreiam.
Proezas	façanhas, ações de valor.
Surgiu	apareceu, nasceu.
Discussão	debate, troca de palavras.

Famosos	que têm fama, notáveis, extraordinários.
Lutadores	aqueles que lutam.
Jovem:	moço, juvenil.
Terrível	que causa medo, que causa terror.
Enraivecido	raivoso, colérico, irado, encolerizado.
Tacape	espécie de clava que servia aos sacrifícios humanos.
Poste de tortura	estaca para prender os que deviam sofrer suplícios.
Cabana	casa rústica; choça, tugúrio.
Expulso	posto para fora, mandado sair.
Faminto	que tem fome, esfomeado.
Desfalecido	desmaiado.
Robusto	que tem força, que é forte, vigoroso.
Hábito	costume, uso.

마떼차 마시기

2. EXERCÍCIOS

ⓐ Responda:

1) Qual a história que o avô de Paulo lhe contou?
2) Por que os dois guerreiros brigaram?
3) Como se chamavam os dois lutadores?
4) Que aconteceu com o jovem que matou o outro?
5) Que castigo lhe foi dado?
6) Como conseguiu o guerreiro se manter? Que é caá?

Lição 46

A lenda do algodão

Ontem, depois do jantar, o avô de Paulo contou-lhe mais uma interessante história.

Desta vez, foi a lenda do algodão.

— Os selvagens brasileiros contavam que um dia surgiram nas margens do grande rio Amazonas umas embarcações muito grandes, cheias de guerreiros.

Esses homens brancos, de cabelos negros e longas barbas pretas, cobriam-se com mantos coloridos e suas armas eram feitas de pedra e madeira desconhecidas.

Por meio de sinais, os estrangeiros explicaram que vinham de um país muito distante. O seu rei, senhor muito poderoso, estava construindo uma morada riquíssima para o seu Deus, para a qual eles tinham vindo buscar ouro, madeiras perfumadas e outras coisas preciosas.

Os nossos indígenas ajudaram os guerreiros estranhos a cortar as árvores e a procurar, nas águas dos rios, os grãozinhos de ouro e as pedras de cores variadas.

O chefe dos estrangeiros era um homem idoso que tudo sabia e observava, cuidadosamente, as plantas e os animais que encontrava.

Certa ocasião, deparou na mata com o arbusto do algodão, o algodoeiro, coberto de sua plumagem branca.

Cheio de espanto, apanhou um pouco daquela seda e foi mostrá-la aos companheiros, que ficaram maravilhados com aquela fibra que os indígenas não aproveitavam.

Os selvagens estranharam o espanto dos estrangeiros e o chefe guerreiro, então, explicou, mostrando o manto que o cobria:

— Fazemos nossos mantos com essa penugem, mas em nossa terra ela é tirada do pêlo dos animais que criamos para esse fim. Como é maravilhosa a vossa terra! Nela a lã nasce em uma pequena árvore!...

E os visitantes, antes de voltar para seu país ensinaram aos indígenas do Brasil a fazer, com o algodão, fios alvos e fortes com que os silvícolas passaram a tecer redes e mantos, tangas e cordas, que antes eram feitos de cipó.

1. VOCABULÁRIO

Estrangeiros	pessoas que nascem em outro país que não o nosso.
Poderoso	que tem poder, pessoa que tem grande fortuna ou ocupa cargo importante.
Estranhos	pessoas desconhecidas; estrangeiros.
Variados	de formas ou cores diferentes, diversas.
Idoso	que tem muita idade, velho, ancião.
Deparou	encontrou de repente, achou por acaso.
Maravilhosa	que causa admiração, que encanta.
Silvícolas	que moram nas selvas, selvagens, índios, indígenas.
Tecer	entrelaçar regularmente os fios, tramar, urdir, trançar.

Tangas	espécie de pequeno avental com que os índios cobrem o corpo, da cintura até as coxas.

2. EXERCÍCIOS

ⓐ Responda:

1) Onde surgiram as embarcações cheias de guerreiros?
2) Como eram os homens que vinham nessas embarcações?
3) Que vinham fazer aqui no Brasil?
4) Que planta o chefe guerreiro encontrou na mata?
5) Por que ele e seus companheiros ficaram maravilhados com esse achado?
6) Que disse, então, o guerreiro aos nossos selvagens?
7) Que ensinaram aos silvícolas brasileiros?
8) Que passaram os nossos índios a fazer com a plumagem dessa planta?

A história do "Pão-duro"

— Olha o "Pão-duro"! Ali vai o "Pão-duro"!

Era assim que a turma de Mário passara a chamá-lo, primeiro uns, depois outros e, por fim, a turma toda. Ninguém sabia como havia começado, isto é, ninguém não, porque Pedro sabia. Fora ele mesmo quem o apelidara.

Mário levava sempre muito dinheiro para a Escola e, entretanto, não comprava doces nem merenda, escrevia em papel-lousa ou em caderno dados pela professora e, se não fosse a Caixa Escolar, até hoje ainda estaria indo de tamancos! Pedro, que se sentava a seu lado, diariamente via Mário contando dinheiro ou descobria a pontinha de uma nota no bolso da blusa. Era mesmo um "Pão-duro"!

Mário, entretanto, sofria com o apelido.

A princípio, julgou melhor não dar importância mas o apelido foi-se generalizando e, certo dia, até um menino de outra turma o chamara de "Pão-duro".

Resolveu, então, queixar-se à professora. À hora do recreio, aproximou-se de D. Elza e narrou-lhe tudo, com lágrimas nos olhos.

Quando os alunos voltaram do recreio, a professora chamou-lhes a atenção para a maneira indelicada como tratavam o

Mário.

— Não era bonito — disse ela — pôr apelido nos colegas! Além disso, Mário era um menino tão pobre, que de maneira alguma poderia ser um "Pão-duro"!

Pedro protestou:

— Ah! D. Elza, ele não é tão pobre assim! Pergunte-lhe só quanto trouxe hoje.

— Esse dinheiro, D. Elza — contraveio Mário com voz tímida — é da minha vizinha. Na volta da escola sempre levo suas compras; sou pago para isso.

E, um pouco mais baixo e muito vermelho, continuou:

— Preciso trabalhar, pois minha mãe está doente.

— Não é motivo para você se envergonhar, meu filho. Seus colegas, sim, é que devem estar arrependidos da triste figura que fizeram.

Pedro falou em nome da turma :

— Perdoe-nos, Mário, procuraremos reparar o nosso erro.

1. VOCABULÁRIO

"Pão-duro"	avaro; avarento.
Papel-lousa	papel grosso, de côr preta, em que se escreve com um lápis branco.
Protestou	afirmou com energia.
Tímida	que tem temor ou medo; receosa; acanhada.

2. EXERCÍCIOS

ⓐ Responda:

1) Por que os colegas de Mário passaram a chamá-lo de "Pão-duro"?
2) Qual o colega que criou esse apelido?
3) Que fez Mário quando verificou que até os alunos de outra turma o chamaram de "Pão-duro"?
4) Que fez a professora, depois do recreio?
5) Que lhe disse Pedro?
6) Que resposta lhe deu Mário?
7) Que disse, então, a professora?
8) Como Pedro se desculpou, em seu nome e no de seus colegas?

Lição 48

A lenda do açúcar

O avô de Paulo contou-lhe hoje mais uma das muitas lendas que conhece.

— Quando a cana-de-açúcar era desconhecida, o mel de abelhas era a substância usada para adoçar os alimentos e as bebidas.

O mel era tirado das abelhas silvestres, porque ninguém fazia criação de abelhas como hoje.

Havia na Índia muitos caçadores de abelhas, que procuravam os cortiços para extrair o mel. O chefe dos caçadores de abelhas era Neburdá, o mais hábil de todos para descobrir as colmeias e extrair o mel. Um dia, Neburdá, seguindo a pista de numerosas abelhas que encontrara, descobriu uma enorme colmeia no alto de uma árvore seca.

O caçador, pondo fogo à árvore, matou centenas de abelhas, recolheu o mel e deitou-se, ali mesmo, para descansar. Dormiu e, então, sonhou que estava cercado por milhões de abelhas que discutiam.

— Este homem é nosso inimigo; sou de opinião que ele deve ser condenado à morte — dizia uma grande abelha.

— Não — dizia outra — a sua morte não nos livrará dos outros caçadores iguais a ele. O que devemos fazer é ensinar-lhe o uso do mel de bambu com que o elefante se alimenta.

Essa idéia foi aceita e as abelhas ensinaram a Neburdá que à beira do rio cresciam uns bambus, que os elefantes apreciavam muito e que, espremidos, davam excelente mel.

Quando acordou, Neburdá lembrou-se do sonho. Correu até as margens do rio, onde viu um bando de elefantes que comiam certas canas que cresciam ali. Cortou uma delas e provou-a, deliciando-se com o suco doce e refrescante. Levou para casa um feixe de canas, que chamou, como as abelhas do sonho, de bambu de mel.

Para guardar o caldo da cana sem azedar, o caçador ferveu-o numa panela de barro, obtendo um verdadeiro mel, grosso e dourado como o das abelhas.

No fundo da vasilha, depositou-se a massa escura, muito doce, que se esfarelava com facilidade. Neburdá tinha descoberto o açúcar de cana.

1. VOCABULÁRIO

Substância	matéria, essência.
Silvestres	que nascem ou se criam nas selvas, selvagens.
Cortiços	colmeias, casa de abelhas.
Colmeias	o mesmo que cortiços.
Pista	rasto, rastro, pegada, sinal deixado pela passagem de alguém ou de algum animal.
Opinião	modo de ver, parecer.
Deliciando-se	deleitando-se, sentindo delicioso.
Suco	sumo, seiva, essência.
Refrescante	que refresca, refrigerante.
Depositou-se	assentou, ficou no fundo.
Esfarelava	reduzia a farelo, a migalhas.

2. EXERCÍCIOS

ⓐ Responda:

1) Que se usava para adoçar os alimentos e as bebidas, quando a cana-de-açúcar ainda era desconhecida?
2) De onde se tirava essa substância?
3) Quem procurava as colmeias?
4) Que são colmeias ou cortiços?
5) Como se chamava o chefe dos homens que procuravam as colmeias?
6) Que lhe aconteceu um dia, enquanto dormia?
7) Que fizeram, então, as abelhas?
8) Que fez o homem quando acordou?
9) Que descobriu com isso?

대형농장

Lenda da mandioca

Mani nasceu diferente das outras índias.

Era branca como lírio. Era, também, a índia mais bonita que já existiu na terra.

Os índios todos gostavam dela, como de um ser sobrenatural, porque um espírito branco apareceu, em sonhos, ao chefe da tribo e lhe contou que Mani era um presente de Tupã.

Um dia, porém, sem se saber como, Mani adoeceu e morreu.

A tristeza na tribo foi geral e profunda. Os índios choraram muito e enterraram Mani no jardim.

Todos os dias iam ver-lhe a sepultura. E choravam, choravam tanto que as lágrimas molhavam a terra.

O tempo passou... Veio a primavera. Na cova de Mani nasceu uma planta desconhecida.

A planta cresceu. Um dia, os índios cavaram a terra e encontraram um tubérculo. Notaram que parecia com o corpo de Mani e, acreditando no milagre, comeram-no, certo de adquirirem, assim, mais vigor para as lutas. Fizeram dele, também, uma bebida e embriagaram-se.

Mani existia ainda transformada em planta. Mani era um presente sagrado de Tupã...

E os índios cultivaram com carinho o corpo imortal de Mani,

transformado em alimento e chamaram-lhe 'manioca'.

Mandioca é, pois, nome alterado de manioca e significa 'pão da terra ou carne de Mani'.

1. VOCABULÁRIO

Sobrenatural	sobre-humano; extraordinário; maravilhoso.
Tubérculo	raiz; parte subterrânea de algumas plantas.
Tupã	Deus dos indígenas.
Imortal	que não morre; imorredouro.
Alterado	modificado.

2. EXERCÍCIOS

ⓐ Responda:

1) Qual a cor de Mani?
2) Por que todos os índios gostavam da indiazinha?
3) Que fizeram com Mani quando ela morreu?
4) Que aconteceu na cova da jovem índia?
5) Qual o achado dos índios?
6) Que fizeram com o que encontraram na sepultura de Mani?
7) Que nome deram a esse alimento?

O descobrimento do Brasil

Cinco anos depois do descobrimento da América por Colombo, o português Vasco da Gama conseguiu chegar às Índias, descobrindo o caminho marítimo para o Oriente. O rei D. Manuel I, que governava Portugal, resolveu organizar uma frota de 13 navios, com mil e duzentos marinheiros, soldados e navegantes. Essa esquadra iria às Índias para fazer o comércio das especiarias, nome dado a alguns produtos como a canela, o cravo-da-índia, a pimenta-do-reino, a noz-moscada.

O comandante da frota era Pedro Álvares Cabral. Tomavam parte na expedição 9 padres e 8 frades que tinham, como chefe Frei Henrique Soares, de Coimbra. A esquadra saiu de Portugal a 9 de março de 1500 e devia seguir o caminho percorrido por Vasco da Gama. As caravelas afastaram-se da costa da África para evitar a falta de vento (calmaria) e para ver se descobriam novas terras. No dia 21 de abril, os marinheiros viram ervas boiando no mar e aves que voavam baixo sobre as águas. Eram sinais de que havia terra próxima. No dia seguinte, 22 de abril, avistaram um monte, que foi chamado de Monte Pascoal, porque estavam na semana da Páscoa. Estava descoberto o Brasil. Procurando um abrigo para as caravelas, entraram, no dia seguinte, numa baía, que hoje se chama Baía Cabrália.

No domingo, dia 26, Frei Henrique Soares rezou missa no Ilhéu da Coroa Vermelha, na baía de Santa Cruz. A 1° de maio, desembarcaram todos os tripulantes das caravelas e, diante de um altar levantado junto a uma grande cruz de madeira, Frei Henrique celebrou, em terra firme, a segunda missa no Brasil. Acabada a missa, Pedro Álvares Cabral tomou posse da terra, em nome do rei de Portugal. No dia 2 de maio, Cabral, depois de mandar uma caravela, comandada por Gaspar de Lemos, levar a notícia do descobrimento ao Rei, seguiu sua viagem para as Índias. A carta enviada a D. Manuel fora escrita por Pero Vaz de Caminha, escrivão que ficaria na feitoria a ser fundada na Índia. Pensando que a terra descoberta fosse uma ilha, Cabral deu-lhe o nome de Ilha da Vera Cruz. Mais tarde passou a ser Terra de Santa Cruz e, finalmente, Brasil, por causa da grande quantidade de madeira cor de brasa aqui encontrada e chamada pau-brasil.

1. VOCABULÁRIO

Marítimo	marinho; próximo do mar.
Esquadra	grupos de navios de guerra comandados por oficial superior.
Boiar	flutuar, sobrenadar.
Celebrar	realizar com solenidade.
Feitoria	administração exercida pelo feitor; cargo de feitor; estabelecimento comercial.

2. EXERCÍCIOS

ⓐ Responda:

1) Qual o rei que organizou uma esquadra para fazer comércio com as Índias?
2) Quem tinha descoberto o caminho marítimo para lá?
3) Qual o comandante da esquadra?
4) Quem era o chefe dos frades que faziam parte da expedição?
5) Em que dia a esquadra saiu de Portugal?
6) Quando avistaram sinais de terra?
7) Que sinais foram esses?
8) Em que dia descobriram a nossa terra?
9) Qual o primeiro ponto avistado?
10) Que nome deram à baía onde ancoraram as caravelas?
11) Quando foi celebrada a 1ª missa?
12) Quem rezou essa missa?
13) Onde e por quem foi rezada a 2ª missa?
14) Que fez Cabral depois de sua celebração?
15) Como o rei soube do descobrimento?
16) Quem levou essa notícia a Portugal e quem a escreveu?
17) Que nomes teve nossa terra?

포르투갈 함대 브라질 도착

부록

대학포르투갈어

포르투갈 포어와 브라질 포어의 뜻의 차이

브라질		포르투갈	브라질		포르투갈
trem	기차	comboio	caçula	막내	benjamin
ônibus	버스	autocarro	picolé	얼음과자	gelado
bonde	전차	eléctrico	toca disco	카세트	gira-disco
terno	양복	fato	calchinha	여자 속옷	cueca
meia	6	seis	menino	남자아이	miúdo
açougue	정육점	talho	suco	쥬스	sumo
sorvete	얼음과자	gelado	cardápio	메뉴	ementa

브라질		포르투갈	브라질		포르투갈
meias	양말	peugas	resfriado	감기든	constipado
goleiro	골키퍼	guarda-redes	reprovar	낙제하다	chumbar
zelador	수위	porteiro	tomar	(버스)타다	apanhar

1.

Eu e minha família

Muito prazer! Meu nome é Adachi e sou japonês. Minha família não é toda japonesa. Eu tenho dois filhos lindos. Minha primeira filha é japonesa. O nome dela é Ayako. Ela é muito tímida, tem sete anos. Meu segundo filho é brasileiro. O nome dele é Fernando. Ele é do signo Escorpião e nasceu em novembro. Fernando tem um ano e é extrovertido. Minha esposa é muito alegre. Somos uma família muito feliz.

Agora estamos no Brasil e temos uma casa muito grande. Estou feliz em trabalhar aqui e minha esposa também está contente em aprender um novo idioma.

Maria Harumi de Ponce,
Bem-Vindo! A língua portuguesa no mundo da comunicação,
Editora SBS, 2008. (p.3)

2.

Quando eu era criança, morava no interior de Minas. Que tempo bom, sossegado e sem preocupações... eu brincava com os bichos, nadava no rio, jogava bola de gude com meus amigos e estudava no Grupo Escolar que ficava perto do nosso sitiozinho.

Mas quando eu fiz 19 anos, fui estudar na capital, em Belo Horizonte. Aí a vida mudou, né? Eu ia de casa pra Faculdade e vice-versa. Mal tinha tempo de ir a um cineminha e ainda trabalhava à noite pra ganhar um dinheirinho. Toda semana eu escrevia para os meus pais contando as novidades da cidade grande.

Hoje sou veterinário e voltei para o interior, onde cuido dos animais de muitas fazendas, inclusive a dos meus pais.

É pra frente que a gente anda, né?

Ana Maria Flores Santos,
Tudo bem 1,
Livraria Agir Editora, 1998. (p. 91-92)

3.

Querida Silvia,

Estamos em Los Angeles há 3 dias. Tem feito muito frio, 3 a 4 graus, às vezes alguns graus abaixo de zero. Nem eu nem o Henrique gostamos de um inverno rigoroso como este, mas quem está aproveitando bastante é nosso filho Carlinhos, uma vez que ele nunca tinha visto neve antes. Quando pode e onde pode, ele faz bonecos de neve ou provoca a gente para poder começar uma guerra de bolas de neve. Ele está simplesmente adorando!

Antes de chegar a Los Angeles passamos por Miami e Atlanta. Vamos ficar mais 8 dias aqui e depois vamos ao México onde pretendemos passar a nossa última semana de férias. No dia 28 ou 29 chegaremos ao Brasil.

Apesar do tempo, estamos nos divertindo bastante. Estas férias estão sendo inesquecíveis. Estou com saudades de vocês mas estaria mentindo se dissesse que tenho saudades do trabalho, embora eu adore trabalhar. Gostaria que estas férias não terminassem nunca. Agora me arrependo de ter "vendido" parte das minhas férias.

Um abraço bem grande da sua amiga

Eliza.

P.S.: Não diga nada ao chefe sobre a última parte da carta, OK?

Maria Harumi de Ponde,
Bem-Vindo! A língua portuguesa no mundo da comunicação,
Editora SBS, 2008. (p. 145)

4.

Os meios de comunicação

Vencendo distâncias

Para nos comunicar com pessoas que estão distantes de nós, utilizamos os meios de comunicação. Carta, livros, revistas, jornais, telefone, rádio, televisão e internet são exemplos de meios de comunicação.

Carta: um dos primeiros meios de comunicação
A carta é um dos meios de comunicação mais antigos. No

passado elas eram entregues por mensageiros, que poderiam levar meses para chegar ao seu destino.

Atualmente, os serviços de correio entregam cartas, e até objetos, de forma bem mais rápida.

A imprensa

Até a invenção da imprensa, no século XV, os livros eram todos escritos à mão. Com o surgimento da imprensa tornou-se possível reproduzir páginas de modo muito mais rápido e barato.

Atualmente, modernas gráficas imprimem jornais, revistas e livros com muita qualidade.

O telefone

Uma das grandes invenções nas comunicações foi o telefone. Ele envia e recebe sons ao mesmo tempo, alcançando longas distâncias.

A tecnologia usada para telefones não parou de evoluir. No Brasil, a quantidade de telefones móveis, mais conhecidos como celulares, já é maior que a de telefones fixos.

Atualmente, dois meios de comunicação e informação muito rápidos são o fax e a internet, que utilizam linhas telefônicas.

O rádio

A transmissão de som pelo rádio é feita no Brasil há quase um século.

É um meio de comunicação que transmite notícias, músicas, partidas de futebol, previsão do tempo e muitas outras informações.

O rádio é um dos mais importantes meios de comunicação

no Brasil, pois sua transmissão chega a lugares distantes que as imagens de televisão não alcançam.

A televisão

A televisão é um meio de comunicação que transmite imagens e sons ao mesmo tempo.

A televisão transmite os mais variados programas, como telejornais, filmes, novelas, desenhos animados, noticiários esportivos e documentários.

A invenção dos satélites possibilitou a transmissão de imagens e sons entre os mais distantes pontos do planeta.

A internet

A internet é uma rede na qual estão interligados computadores do mundo inteiro.

Pela internet é possível fazer pesquisas, compras, bater papo, divertir-se com jogos, ouvir músicas, assistir a videoclipes e muito mais.

Além disso, por meio da internet, podemos enviar e receber mensagens pelo correio eletrônico, conhecido como e-mail (da expressão inglesa electronic mail)

Utilizando o correio eletrônico, podemos enviar as mais diversas informações, incluindo textos, fotos e desenhos, que chegam aos mais distantes lugares do mundo instantes depois de ser enviadas.

Projeto Pitanguá Geografia 3,
Editora Moderna, 2006. (pp. 134-137)

5.

A etiqueta dos chatters

- A maioria dos chatters não permite palavrões nas salas até 10 anos ou de 10 a 15 anos.
- Não dê seu telefone para pessoas que você acabou de conhecer na web.
- Não dê o nome da escola onde estuda, você não sabe com quem está conversando!
- Só dê seu e-mail para alguém com quem você já tenha conversado várias vezes. Mesmo assim, saiba que isso não é muito recomendável.
- Ameaçar alguém através do e-mail é crime.
- Se você tiver certeza de que realmente quer conhecer seu amigo virtual, informe seus pais. Nunca marque um encontro sem o consentimento deles.

[...]

Revista Zá,
São Paulo, n. 34, 1999.

삼성전자 공장을 방문한
룰라 대통령

6.

Miscelânea-farofa de FFFFF

Um cearense, chegando ao Rio de Janeiro, entrou no restaurante para almoçar. Ao falar, suas palavras começavam pela letra "F". E assim foi o seu diálogo com a garçonete:

— Faça o favor.

— Que deseja o senhor?

— Fineza fazer frango frito.

— Com quê?

— Farinha, feijão e farofa.

— Aceita pão, meu senhor?

— Faça fatias.

A essa altura, a garçonete já estava indignada, mas voltou a falar:

— Mais alguma coisa?

— Filé e fígado.

Terminado o almoço, a garçonete pergunta:

— O café está bom?

— Frio e fraco.

— Como o senhor gosta?

— Forte e fervido.

— De onde o senhor é?

— Fortaleza.

— Como é o seu nome?

— Fernando Fagundes Ferreira.

— O que o senhor foi na vida?

— Fui ferreiro.

— Deixou o emprego?

— Fui forçado.
— Por quê?
— Faltou ferro.
— O que fabricava?
— Ferrolho, ferradura, fechadura e ferragens.
— Se o senhor disser mais seis palavras com a letra "F" não paga.
— Foi formidável; ficando fiado, fico freguês.

Jair Antonio Hodas,
Jornal de Integração do Banco Mercantil de São Paulo,
out. 1984.

7.

Um herói do mar

Paula era filha de pescadores e já completara seus nove anos.

Vivia na praia. Uma praia grande a perder de vista.

Coqueiros altos e elegantes cobriam toda aquela faixa e, entre eles, aqui e ali, as casinhas pobres dos pescadores.

Pela manhã, bem cedinho, a menina já se punha de pé. Ao longe, o sol luzia nas águas, cobrindo-as de ouro.

As ondas corriam apressadas, encrespando o mar, desfazendo-se em espumas claras e brilhantes.

Paula até se esquecia de tudo... Então uma vela branca apontava longe, bem longe...

Quem será? Perguntava a menina para si mesma. Será papai?

Seu coraçãozinho tremia de aflição: olhava firme aquele ponto branco no horizonte. Agora já podia ler "Esperança" em letras vermelhas bem grandes, no casco da barquinha.

Era o papai de volta com o barco cheio de peixes.

Uma tarde, quase à noitinha, o pai saiu como de costume. Tudo parecia calmo.

Anoiteceu. O céu ficou escuro, muito escuro... Paula rezou suas orações e adormeceu depressa.

Um barulho forte acordou-a. Paula assentou-se na cama, assustada.

O vento açoitava os coqueiros. E soprava e zumbia entre as palmas que se agitavam em desordem. De minuto em minuto, as ondas, na praia, se atropelavam com estrondo.

Paula teve medo pelo pai ausente. Levantou-se e rezou.

O vento abrandara. Um murmúrio apenas. No mar, quase silêncio.

Paula saiu depressa. O pai já estava na praia. Vencera o vento, vencera o mar!

— Como papai é valente, pensou. Como Deus é bom!

E com os olhos brilhantes de lágrimas correu para abraçá-lo.

Maria Yvone Atalécio de Araújo,
Crianças, sempre crianças,
Vigília (adaptado)

8.

O último andar

No último andar é mais bonito:
do último andar se vê o mar.
É lá que eu quero morar.

O último andar é muito longe:

Custa-se muito a chegar.
Mas é lá que eu quero morar.

Todo o céu fica a noite inteira
sobre o último andar.
É lá que eu quero morar.

Quando faz lua, no terraço
fica todo o luar.
É lá que eu quero morar.

Os passarinhos lá se escondem
para ninguém os maltratar:
no último andar.
De lá se avista o mundo inteiro
tudo parece perto, no ar.
É lá que eu quero morar:
no último andar.

Cecília Meireles,
Ou Isto ou Aquilo,
Edições Nova Fronteira

9.

Quem tem medo de dizer não?

A gente vive aprendendo
A ser bonzinho, legal,
A dizer que sim pra tudo,
A ser sempre cordial...

A concordar, a ceder,
A não causar confusão,
A ser vaca de presépio,
Que não sabe dizer não!

Acontece todo dia,
Pois eu mesma não escapo.
De tanto ser boazinha,
Tô sempre engolindo sapo...

Como coisas que não gosto,
Faço coisas que não quero...
Deste jeito, minha gente,
Qualquer dia eu desespero...

A gente sempre demora
A entender esta questão.
Às vezes custa um bocado
Dizer simplesmente não!

Mas depois que você disse
Você fica aliviado.
E o outro que lhe pediu
É que fica atrapalhado...

Mas não vamos esquecer
Que existe o "por outro lado"
Tudo tem direito e avesso,
que é meio desencontrado...

Quero saber dizer NÃO.
Acho que é bom pra mim.
Mas não quero ser do contra...
Também quero dizer SIM!

Ruth Rocha, 1986,
In: Sempre Amigos, Elizabeth Fontão & Pierre Coudry, Pontes, 2000. (p. 16)

10.

A Bandeira e o Hino Nacional

- Significação das cores da Bandeira Nacional

Como bom patriota que você é, já deve conhecer a Bandeira Nacional, não é assim?

E dcvc achá-la muito linda, porque ela é o símbolo da nossa Pátria e representa o nosso Brasil amado.

Suas cores são o verde, o amarelo, o azul e o branco. Em letras verdes tem uma legenda: "Ordem e Progresso"; esta legenda significa que para haver desenvolvimento e progresso no Brasil os brasileiros devem respeitar as leis do país.

O verde da Bandeira brasileira representa as nossas matas. O amarelo, as nossas riquezas minerais, principalmente o ouro. O azul representa o céu de anil e o branco a paz.

No centro da Bandeira Nacional há atualmente 26 estrelas que representam os Estados do Brasil e uma representando o Distrito Federal.

O Hino Nacional Brasileiro é outro símbolo da Pátria. Devemos ouvi-lo com todo o respeito de pé e perfilados.

11.

Os bóias-frias

Bóia-fria é o nome dado ao trabalhador rural temporário, em alguns lugares do Brasil.

Esses trabalhadores moram na periferia da cidade e são recrutados para o trabalho temporário nas fazendas.

Como moram longe das fazendas, eles são levados em ônibus ou na carroceria de caminhões até o local de trabalho. Geralmente, recebem pagamento diário.

Os bóias-frias saem de madrugada para o trabalho, levando seu próprio almoço. Como não podem esquentar a "bóia" (comida) no campo, acabam comendo-a fria. Daí o nome "bóia-fria".

Projeto Pitanguá Geografia 3,
Editora Moderna, 2006. (p. 87)

12.

O mar não é lixeira

Um bom motivo para se cuidar melhor da destinação do lixo é que ele demora muito tempo para se desfazer depois de jogado no mar.

Alguns lixos chegam a levar centenas de anos para desaparecer, como a fralda descartável, 450 anos, e a garrafa plástica, 400 anos!

Outros tipos de lixo também ficam por muito tempo

poluindo o mar, por exemplo: bóia de isopor, 80 anos; pedaço de madeira pintada, 13 anos; caixa de papelão, 2 meses.

Por isso, o lixo deve ser descartado em lugares adequados, onde possa ser recolhido e reciclado.

Fonte: www.compam.com.br.
Acesso em: 13 jun. 2005.

13.

O preço de um cheiro

Um camponês foi à cidade vender seus produtos. Ao regressar, parou em uma pousada para descansar.

— O que deseja? — perguntou o dono, solícito.

— Um pouco de pão e vinho, por favor.

Enquanto o dono atendia ao seu pedido, o camponês passou a observar o local. Havia no fogo uma carne que exalava um aroma irresistível. Ele ficou com vontade de experimentar o assado, mas não tinha tanto dinheiro...

Depois de um momento o dono da pousada voltou para trazer-lhe o pão e o vinho. O camponês bebeu o vinho, mas seus olhos não desgrudavam da carne suculenta. De repente, ele teve uma idéia: colocar o pão no vapor que subia do assado, para umedecê-lo. No momento em que ia experimentar o pão, foi interrompido por um grito:

— Você se acha muito esperto, não é? — disse o dono, zangado. — Terá de me pagar por isso também!

— Eu não lhe devo nada além do pão e do vinho — disse o camponês surpreso.

— E o cheiro da carne, não custa? — retrucou o dono, zangado.

— O cheiro da carne? — repetiu o camponês, espantado. — Mas isso não custa nada!

— Como não custa nada? Tudo o que existe aqui é meu, inclusive o cheiro do assado!

A discussão chamou a atenção de um freguês.

— Quanto você quer pelo cheiro do assado?

— Cinco moedas! — disse o dono, satisfeito.

— Tenha dó — exclamou o camponês, tirando o dinheiro do bolso. — Isso é tudo que eu ganhei por um dia de trabalho...

O freguês pegou as moedas do camponês e sacudiu-as diante de todos.

— Ouviu isso? Pronto! Já está pago.

— Como assim, já está pago? — admirou-se o dono.

— Por acaso este pobre camponês comeu a carne? Nao! Apenas sentiu o cheiro do assado. Para pagar pelo cheiro do assado basta o som das moedas!

Diante da risada geral, o dono da pousada ficou sem razão e concordou em não cobrar nada do camponês. E pior: ainda fez papel de bobo!

Conto popular,
In: Projeto Pitanguá Português 3,
Editora Moderna, 2006. (p. 257)

14.

Pisou ou não pisou?

De 1969, ano em que se diz que o homem pisou na Lua, até

hoje tem muita gente que acredita ter sido tudo uma farsa. Alguns estudiosos defendem isso dizendo que as fotos da missão Apolo 11 são uma montagem, já que as sombras dos astronautas não estão paralelas e deveriam estar, pois a fonte de luz era o Sol.

Já o professor e físico Paulo Sen Lee é contra a idéia da farsa. Segundo ele, o problema das fotos é que o Sol baixo promove sombras compridas, mas bastam pequenas ondulações no solo para que, numa foto ou mesmo ao vivo, uma sombra pareça menor em relação ao comprimento da outra. Com isso ele explica por que o comprimento das sombras dos astronautas na foto parece errado, o que faz com que se pense na ideia de montagem.

O professor costuma dar outros exemplos de enganos a seus alunos. E mostra como todos são explicáveis pela Física. Será que isso é o bastante para convencer de que o homem pisou na Lua?

Projeto Pitanguá Português 3,
Editora Moderna, 2006. (p. 234)

15.

Bons desejos

Desde quando a ferradura e o trevo de quatro folhas são símbolos da sorte?

A tradição manda colocar a ferradura no alto da porta, sempre com as pontas viradas para cima. Na Grécia do século IV, a ferradura era considerada um amuleto por ser feita de ferro, um metal que o povo acreditava proteger contra os males. Sua forma lembrava a Lua Crescente, símbolo de fertilidade e prosperidade.

Já o trevo é uma planta de três folhas. A raridade de um trevo de quatro folhas é que o transformou num amuleto para os antigos druidas, que habitavam a Inglaterra por volta do ano 200 a.C. Eles acreditavam que quem possuísse um desses trevos poderia ver os demônios da floresta e ganhar alguns de seus poderes sinistros. Atualmente virou sinônimo de boa sorte.

Marcelo Duarte,
O guia dos curiosos,
São Paulo: Companhia das Letras, 2000. (p. 368)

16.

Recordações da infância

O policial apresenta-se ao magistrado, acompanhando uma jovem senhora, bastante aflita:

— Meritíssimo, esta senhora atravessou o sinal fechado, infringindo a lei e colocando os pedestres e outros veículos em risco.

O juiz mal levanta os olhos do processo que estava lendo:

— Tem alguma coisa a alegar em sua defesa?

— Nada, senhor juiz. Só peço a Vossa Excelência que se apresse, porque sou professora e estou em cima da hora para uma aula muito importante.

A fisionomia do homem se modificou. Com um sorriso, olhou com mais atenção o rosto da ré, como se procurasse alguma coisa conhecida; o olhar perdeu-se em distantes recordações, como se, de repente, voltasse à infância. Uma estranha alegria manifestou-se no rosto severo:

— Professora, sente-se àquela mesa e escreva, quinhentas vezes, com letra bem legível: "Eu prometo respeitar e cumprir a sinalização e as leis de trânsito."

Antônio de Siqueira e silva & Rafael Bertolin,
A construção da linguagem. vol 1,
IBEP

17.

Há ou não habitantes no planeta Marte?

Muito se questiona sobre a existência de marcianos, ou seja, habitantes inteligentes do planeta Marte. Até os anos 1920, a maior parte dos astrônomos acreditava que o planeta tinha, sim, uma civilização, e muito avançada tecnologicamente em relação à nossa. Isso porque Marte é o astro que mais impressionou as mentes primitivas em virtude de sua coloração avermelhada, associando-o às divindades guerreiras em quase todas as mitologias.

Com o passar do tempo e a revolução da Ciência, dúvidas começaram a surgir e hoje a maioria das pessoas não acredita na existência de seres inteligentes em Marte. A Ciência mostra que possivelmente existem microorganismos naquele planeta, mas provavelmente não evoluirão a ponto de se tornarem seres inteligentes.

Projeto Pitanguá Português 3,
Editora Moderna, 2006. (p. 235)

18.

Minha adolescência

A história de minha adolescência é a história de minha doença. Adoeci aos 18 anos quando estava fazendo o curso de engenheiro-arquiteto da Escola Politécnica de São Paulo. A moléstia não me chegou sorrateiramente, como costuma fazer, com emagrecimento, febrinha, um pouco de tosse, não; caiu sobre mim de supetão e com toda a violência, como uma machadada de Brucutu. Durante meses, fiquei entre a vida e a morte. Tive de abandonar para sempre os estudos. Como consegui com os anos levantar-me desse abismo de padecimentos e tristezas é coisa que me parece a mim e aos que me conheceram então um verdadeiro milagre. Aos 31 anos, ao editar o meu primeiro livro de versos, "A cinza das horas", era praticamente um inválido. Publicando-o, não tinha de todo a intenção de iniciar uma carreira literária. Aquilo era antes, o meu testamento — o testamento da minha adolescência. Mas os estímulos que recebi fizeram-me persistir nessa atividade poética, que eu exercia mais como um simples desabafo dos meus desgostos íntimos, da minha forçada ociosidade. Hoje vivo admirado de ver que essa minha obra de poeta menor — de poeta rigorosamente menor — tenha podido suscitar tantas simpatias.

Conto estas coisas porque a minha dura experiência implica uma lição de otimismo e confiança. Ninguém desanime por grande que seja a pedra no caminho. A do meu parecia intransponível. No entanto, saltei-a. Milagre? Pois então isso prova que ainda há milagres.

Manuel Bandeira,
Minha adolescência. In: *O MELHOR da crônica brasileira*.
Rio de Janeiro, J. Olympio, 1981. v. 2. (p. 79)

19.

A bela adormecida

Era uma vez um reino muito feliz. O rei e a rainha só tinham uma tristeza. Era a grande falta que sentiam de um filho.

Nesta manhã, todos os sinos tocam alegremente, acordando o povo com uma bela notícia.

— O rei e a rainha acabam de realizar seu grande sonho!

— Nasceu hoje uma linda princesinha!

— Vida nova para aquele palácio, tão grande e tão triste!

Maravilhados, o rei e a rainha não se cansam de olhar a criança.

— Que nome daremos à nossa filha?

— Meu rei desejo que seu nome seja Flor-de-lis. E para suas madrinhas, quero todas as fadas do reino!

— Mensageiros, partam imediatamente em busca das sete fadas!

No dia marcado, seis fadas lindamente vestidas foram chegando uma a uma.

— Queremos ver nossa afilhada!

— Como é bela, tão meiga!

— Viva Flor-de-lis! Viva!

No melhor da festa, lembra-se a rainha:

— Oh! Esquecemos de convidar a fada Marrom!

Como era uma fada muito má, dizem que foi esquecida de

propósito. [...]

Maria Amélia de Carvalho(adaptação dos contos),
Contos de fada,
Editora Três Ltda, 1996. (p. 5)

20.

Pinóquio

Certo dia. O carpinteiro Gepeto achou na sua oficina um pedaço de pau diferente de todos os outros.

Afiando sua machadinha, pensou:

— Estou cansado de viver sozinho.

Vou fazer um belo boneco que saiba andar, dançar, abrir e fechar os olhos.

— Que abra a boca também.

Quem falou? Não vejo ninguém por perto. Deve ser minha imaginação.

Ao levantar a machadinha para dar o primeiro golpe na madeira, o velho ouviu, assombrado, a mesma voz.

— Não me bata com muita força!

— Será que estou sonhando ou foi esse pedaço de pau que falou?

— Fui eu, sim. Você não quer um boneco que fale também?

Gepeto quase caiu para trás de tanto susto.

— Eu quero um boneco que me dê alegria e não sustos.

— Desculpe. Mas, por favor, use esse machado com cuidado.

— Então fique quieto, pedaço de pau.

— Pedaço de pau, não. Quero um nome e quero um pai.

— Não seja por isso. Eu serei seu pai e seu nome será

Pinóquio.

Entusiasmado, Gepeto começou a trabalhar. Mas, assim que o nariz ficou pronto, ele percebeu que Pinóquio gostava de brincadeiras. Por mais que cortasse e acertasse o nariz, ele não parava de crescer.

Irritado, disse Gepeto:

— Está bem, nariz impertinente. Se você quer ser narigudo, a culpa é sua.

Quando Pinóquio abriu a boca pela primeira vez, foi logo mostrando a língua. E a primeira coisa que fez, quando suas mãos ficaram prontas, foi puxar os cabelos de Gepeto.

— Pinóquio! Se você fizer malcriação não termino suas pernas.

— Está bem, papai, prometo me comportar.

Maria Amélia de Carvalho(adaptação dos contos),
Contos de fada,
Editora Três Ltda, 1996. (p. 19-20)

21.

A arte de ser feliz

Houve um tempo em que minha janela se abria sobre uma cidade que parecia ser feita de giz. Perto da janela havia um pequeno jardim quase seco.

Era uma época de estiagem, de terra esfarelada, e o jardim parecia morto.

Mas todas as manhãs vinha um pobre com um balde, e, em silêncio, ia atirando com a mão umas gotas de água sobre as plantas. Não era uma rega: era uma espécie de aspersão ritual, para que o jardim não morresse. E eu olhava para as plantas, para o homem, para as gotas de água que caíam de seus dedos magros e meu coração ficava completamente feliz.

Às vezes abro a janela e encontro o jasmineiro em flor. Outras vezes encontro nuvens espessas. Avisto crianças que vão para a escola. Pardais que pulam pelo muro. Gatos que abrem e fecham os olhos, sonhando com pardais.

Borboletas brancas, duas a duas, como refletidas no espelho do ar.

Marimbondos que sempre me parecem personagens de Lope de Vega. Às vezes, um galo canta. Às vezes, um avião passa. Tudo está certo, no seu lugar, cumprindo o seu destino. E eu me sinto completamente feliz.

바이아 토속품

Mas, quando falo dessas pequenas felicidades certas, que estão diante de cada janela, uns dizem que essas coisas não existem, outros que só existem diante das minhas janelas, e outros, finalmente, que é preciso aprender a olhar, para poder vê-las assim.

Cecília Meireles
http://bastaestarvivo.blogspot.com/2009/02/arte-de-ser-feliz-cecilia-meireles-bem.html

1.

Mar português

Ó mar salgado, quanto do teu sal
São lágrimas de Portugal!
Por te cruzarmos, quantas mães choraram,
Quantos filhos em vão rezaram!
Quantas noivas ficaram por casar
Para que fosses nosso, ó mar!

Valeu a pena? Tudo vale a pena
Se a alma não é pequena.
Quem quer passar além do Bojador
Tem que passar além da dor.
Deus ao mar o perigo e o abismo deu,
Mas nele é que espelhou o céu.

Fernando Pessoa,
Mensagem,
Assírio e Alvim

2.

Viajar é correr Mundo

Viajar é correr Mundo,
voar mais alto que os pássaros
ou pisar o chão da Terra
ou as ondas do Mar Alto...
É ver bichos
de muitas cores e feitios,
montanhas,
rios
e ribeiros
e pessoas
e lugares...
Conhecer e descobrir,
inventar e duvidar,
sabendo cada vez mais,
sem nunca pensar que basta
o Mundo que se conhece.
E alargá-lo com amor
dentro de nós e dos outros.

Alves Redol,
Boletim Cultural da Fundação C. Gulbenkian,
Dezembro, 1990.

3.

Parábola dos sete vimes

Era uma vez um pai que tinha sete filhos.

Quando estava para morrer, chamou-os todos sete e disse-lhes assim:

— Filhos, já sei que não posso durar muito; mas antes de morrer, quero que cada um de vós me vá buscar um vime seco, e mo traga aqui. [...]

Saíram os sete filhos; e daí a pouco tornaram a voltar, trazendo cada um seu vime seco.

O pai pegou no vime que trouxe o filho mais velho, e entregou-o ao mais novinho, dizendo-lhe:

— Parte esse vime.

O pequeno partiu o vime, e não lhe custou nada a partir.

Depois, o pai entregou outro vime ao mesmo filho mais novo, e disse-lhe:

— Agora parte também esse.

O pequeno partiu-o; e partiu, um a um, todos os outros, que o pai lhe foi entregando, e não lhe custou nada parti-los todos. Partido o último, o pai disse outra vez aos filhos:

— Agora ide por outro vime e trazei-mo.

Os filhos tornaram a sair, e daí a pouco estavam outra vez ao pé do pai, cada um com seu vime.

— Agora dai-mos cá — disse o pai.

E dos vimes todos fez um feixe, atando-os com vincelho. E voltando-se para o filho mais velho, disse-lhe assim:

— Toma este feixe! Parte-o!

O filho empregou quanta força tinha, mas não foi capaz de

partir o feixe.

— Não podes? — perguntou ele ao filho.

— Não, meu pai, não posso.

— E algum de vós é capaz de o partir? Experimentai.

Não foi nenhum capaz de o partir, nem dois juntos, nem três, nem todos juntos.

O pai disse-lhes então:

— Meus filhos, o mais pequenino de vós partiu sem lhe custar nada todos os vimes, enquanto os partiu um por um; e o mais velho de vós não pôde parti-los todos juntos; nem vós, todos juntos, fostes capazes de partir o feixe. Pois bem, lembrai-vos disto e do que vos vou dizer: enquanto vós todos estiverdes unidos, como irmãos que sois, ninguém zombará de vós, nem vos fará mal, ou vencerá. Mas logo que vos separeis, ou reine entre vós a desunião, facilmente sereis vencidos.

Trindade Coelho,
Os Meus Amores, Livraria Estante Ed.

4.

O chá de Catarina

A filha do rei D. João IV, D. Catarina de Bragança, casou com o rei Carlos II de Inglaterra. Era uma rapariga baixinha e morena, ao contrario das inglesas, que na sua maioria são loiras. As suas feições não correspondiam à moda para as belezas da época, e por isso consideravam-na feia. Sendo católica num país de protestantes, quando as diferenças religiosas ainda não eram toleradas com facilidade, e sem falar uma palavra de inglês, passou um mau bocado nos primeiros tempos de casada. Mas Catarina tinha um espírito forte e conseguiu impor-se, apesar de nem sequer ter dado filhos ao rei. [...]

Catarina levou para Inglaterra muitas riquezas que faziam parte do dote. [...] E também levou na bagagem umas certas folhinhas de aparência insignificante que os ingleses adoraram: o chá. Não deu herdeiros ao trono, mas foi ela que fez nascer a mais inglesa de todas as tradições, o "chá das cinco". [...]

Ana Maria Magalhães e Isabel Alçada,
Portugal, História e Lendas,
Editorial Caminho

5.

O aviso de Circe

Uma bela tarde os marinheiros pararam de remar e o navio ficou ali baloiçando no mar calmo. Ulisses admirou-se:

— O que aconteceu? Por que parais de remar?

Os companheiros responderam-lhe:

— Ulisses, vamos agora entrar no mar das sereias. Não te lembras do que Circe nos recomendou? Temos que colocar cera nos nossos ouvidos, senão morreremos todos!

Ulisses revoltou-se contra tal ideia:

— Cera nos ouvidos, eu?! Só se fosse doido! Eu não ponho cera nenhuma. Quero ouvir o canto das sereias. Dizem que elas encantam os marinheiros com a sua bela voz, e eu quero sentir esse encantamento.

— Não sejas louco, Ulisses! Vais morrer atraído por elas. Sabes bem como se sentem sós no fundo do mar, no meio da escuridão e como precisam da companhia de quem por estas paragens passa... Sabes bem que nunca até hoje nenhum ser vivo se gabou de as ter ouvido e ter resistido aos seus encantos. Quem as ouve, tem de morrer!

Assim o avisaram prudentemente os amigos, aflitos com a sua teimosia. Ulisses não se convencia:

— Já vos disse que quero ouvi-las. Mas se temeis que eu não consiga resistir-lhes, então atai-me bem com cordas muito fortes ao mastro principal do navio, e assim mesmo que eu queira ir ter com elas, não serei capaz de o fazer.

Os marinheiros não tiveram outro remédio senão atar Ulisses muito bem atado ao mastro. E depois, sentando-se nos seus lugares, de costas viradas para ele, recomeçaram a remar.

De súbito, um suavíssimo canto se elevou nos ares vindo do brilho das águas do mar, e logo outro e outro, e muitas vozes maravilhosas chorando e cantando o envolveram.

— Ulisses, Ulisses, Ulisses! — percebeu ele nitidamente.

— Quem me chama? Quem me chama? Quem me chama? — gritou ele.

— Ulisses, sou eu, Penélope, a tua mulher, e estou aqui prisioneira das sereias...

— Tu aqui, Penélope??

— Vim num navio à tua procura, e as sereias agarraram-me! Salva-me, Ulisses!

— Parem, marinheiros, parem!!! — gritava Ulisses. — Parem!

E torcia-se, tentando libertar-se das grossas cordas com que estava amarrado ao mastro grande. Os marinheiros não o ouviam e continuavam a remar, a remar.., a remar...

— Ulisses, Ulisses, não passes junto de mim sem me salvar! Ulisses, Ulisses...

Ulisses sofria pavorosamente. Fazia desesperados esforços para se soltar, e já uivava para os marinheiros:

— Parem!! Seus estúpidos! Parem!! Penélope está aqui e tenho de ir salvá-la! Parem!! Parem!!!

Mas os marinheiros não o ouviam, e de costas voltadas para ele, continuavam a remar, a remar, a remar, a remar, a remar, a remar, a remar, a remar, a remar, a remar, a remar, a remar, a remar, a remar, a remar, a remar, remar, a remar, a remar, a remar, a remar...

E o cântico agora ao longe desaparecendo na distância inquieta: «Ulisses! Ulisses... Oh, Ulisses...»

Tudo acalmou de repente, depois. Os marinheiros pararam, baixaram os remos, tiraram a cera dos ouvidos, espreguiçaram-se e... voltaram-se alegremente para trás. Então ficaram suspensos, paralisados: Ulisses parecia um velho. Estava cheio de sangue e de suor. O esforço que fizera contra as cordas com que o tinham amarrado provocara por todo o seu corpo visíveis vergões. A angústia colava-se-lhe à cara.

— Que foi, Ulisses?! — espantaram-se eles.

— Vocês não ouviram? Não ouviram nada?

— Mas não ouvimos o quê? O que é que não ouvimos?

— Ah, meus amigos, foram as sereias, foram elas. Agora lembro-me de saber que elas imitam as vozes dos humanos para melhor atrair os mortais que por aqui passam... Ah, meus amigos, que tortura a minha!

E no seu íntimo agradeceu a Circe tê-los avisado daquele verdadeiro perigo.

Maria Alberta Menéres,
Ulisses,
Edições ASA

6.

Anda já um ar de Inverno no ar

Anda já um ar de Inverno no ar. Tiram-se para fora das gavetas as camisolas de gola alta, a mãe aproveita todos os momentos que tem, depois de chegar do escritório, para ver se acaba o que está a fazer para a Rosa.

Hoje, para ser ainda mais quase Inverno, veio um homem vender castanhas para a minha rua. Quando cheguei da escola, a primeira coisa que vi foi o carro e o fumo bom que de lá saía. Dantes, dizia o meu pai, a gente comprava cinco tostões de castanhas e o cartucho vinha a transbordar delas. Agora paga-se 15 escudos por uma dúzia e não têm conta as que saem estragadas.

Mas a chegada do homem à minha rua merecia bem os 15 escudos. Não propriamente pelas castanhas mas pela sua presença ali: a Rua Projectada à Praceta B começava a ter cheiro de gente.

Embrulhou-me as castanhas numa folha de jornal — coisa que aflige muito a minha mãe, que diz que aquilo é uma falta de higiene e suja as mãos todas, mas que me diverte quando começo a ler tudo o que lá vem e a imaginar o que lá falta. São anúncios, geralmente, ou bocados de notícias que às vezes a gente não chega a entender como começam ou acabam. Trinco a última castanha [não eram muitas, realmente] e desdobro papel, a sujidade da cinza a misturar-se já com a sujidade da tinta. «Cadela perdeu-se. É preta, tem» — o papel tinha sido cortado por aí, de maneira que não consigo saber o que teria a cadela perdida sabe-se lá quando, possivelmente já encontrada por alguém que pôde ler o anúncio até ao fim, com as palavras todas. Outro anúncio, ao lado, pede professora para colégio na província. Já terá tido resposta? Ou estará ainda o colégio à espera que alguém leia este anúncio que agora só serve para embrulhar castanhas?

Alice Vieira.
Lote 12 - 2°Frente,
Ed. Caminho

7.

Custos do progresso

Não há nada pior que um Domingo de chuva.

Agora que a Rosa não tem febre e que os dentes parecem crescer em sossego, começou a chover.

— A avó Elisa diz que não é tempo de chuva, mas que desde que «os homens andam lá por cima, isto anda tudo baralhado».

O meu pai ri-se quando a ouve.

— Se calhar eles andam lá a mexer nas nuvens...

— Ora, ora, lá o que eles andam a fazer não sei, mas .... desde que começaram a ir à Lua a gente nunca mais se entendeu com o tempo. Chove no Verão, faz calor no Inverno.

— Também ainda estou para saber o que deu na cabeça das pessoas para irem à Lua... Bem melhor seria que pusessem as coisas direitas na Terra antes de se meterem nestas aventuras.

Que a avó Elisa culpa as viagens à Lua, os astronautas e os foguetões de tudo o que de mau acontece. E quando o meu pai lhe tenta explicar que a ciência e a técnica têm sempre de avançar senão ainda hoje estávamos a andar de burro ou de canoa, ela encolhe os ombros e diz:

— Olha, no meu tempo e no tempo dos meus avós não havia

nada dessas coisas e a gente vivia.

Uma vez foi engraçado, eu conto já. Chovia assim como hoje e era Verão, Verão mesmo, com férias e sandálias e gelados. E a avó Elisa também disse que a culpa era dos astronautas que andavam lá em cima a misturar o tempo, e que dantes se vivia bem melhor «sem estas manias do progresso». Foi mesmo assim que ela disse e a minha mãe não gostou mas calou-se. Depois, à noite, acho que por causa da chuva, houve uma avaria nos canos e só corria um fiozinho nas torneiras. A avó começou logo a barafustar, que não podia ser, e como é que ela ia lavar a louça com água fria, que assim a gordura nem saía, e por aí fora...

— Não me diga que no tempo dos seus avós havia água quente canalizada lá em casa! — disse a minha mãe, que andava a remoer aquela das «manias do progresso»... E acrescentou logo:

— E com certeza que viviam, não viviam?

A avó Elisa fez que não ouviu [ela também tem seus truques...], mas deixou a louça toda a um cantinho da chaminé para lavar no dia seguinte — quando o «progresso» já estivesse a funcionar como devia.

Alice Vieira,
Rosa, Minha Irmã Rosa,
Editorial Caminho

8.

Arroz-doce à portuguesa

Tempo de preparação: 10 min.
Tempo de cozedura: 20 min.
Ingredientes:

- 125 g de arroz
- 1 colher [de sopa] de manteiga
- 150 g de açúcar
- 7,5 dl de leite
- 3 gemas
- 1 colher [de sobremesa] de água de flor de laranjeira
- 1 casca de limão
- sal
- canela em pó e em pau

Leve ao lume um tacho com bastante água, temperada com sal. Quando a água ferver em cachão, junte-lhe o arroz. Assim que a água retomar a fervura, deixe cozer o arroz durante 2 minutos. Entretanto, leve o leite a ferver com a casca de limão e o pau de canela. Escorra o arroz muito bem e mergulhe-o no leite a ferver. Deixe cozer destapado sobre lume brando. Retire do lume, adicione a água de flor de laranjeira e o açúcar. Mexa rapidamente e junte finalmente as gemas e a manteiga. Coloque o arroz sobre lume muito brando, durante uns minutos, sem o deixar ferver.

Deite o arroz em pratinhos e enfeite com canela em pó.

Isilda Lourenço Afonso & Nelson Rodrigues Pereira,
Palavras ao vento 6° ano,
Edições Gailivro, 2009. (p.76)

9.

A lebre e a tartaruga

Uma lebre estava sempre a fazer troça da tartaruga porque ela andava muito devagar.

— Na verdade, não percebo por que te incomodas a ir a qualquer sítio — dizia a lebre com ar de escárnio — porque, quando chegas, seja onde for, já tudo acabou. E a tartaruga respondia:

— Talvez eu seja lenta, mas aposto que chego ao fim deste campo primeiro do que tu. Se quiseres fazer uma corrida comigo, posso provar-te que é assim.

Vendo a vitória fácil, a lebre concordou e desatou a correr o mais depressa que podia, enquanto a tartaruga se arrastava.

Isto aconteceu a meio de um dia muito quente, e daí a pouco a lebre começou a sentir um pouco de sono.

— Parece-me que vou dormir uma soneca debaixo daqueles arbustos — disse ela para consigo. — E mesmo que a tartaruga passe, apanho-a enquanto o diabo esfrega um olho.

A lebre deitou-se e daí a pouco estava ferrada no sono.

E a tartaruga lá se ia arrastando debaixo do sol escaldante.

Daí a muito tempo, a lebre acordou. Era mais tarde do que pensava, mas olhou em volta, confiante.

— Não consigo ver nem rasto da tartaruga.

E lá seguiu por entre as ervas e o trigo, galgando valados e moitas com a maior facilidade. Em poucos minutos dobrou o canto do campo e parou um momento para ver o sítio onde estava marcado o fim da corrida. E, a menos de uns metros da meta, lá estava a tartaruga, caminhando sempre em frente, passo a passo, cada vez mais perto do final da corrida.

Com um enorme salto, a lebre lançou-se a galope. Mas já era tarde. Porque, embora se atirasse de um salto sobre a meta, a tartaruga tinha chegado primeiro do que ela.

— E agora, acreditas no que eu te disse? — perguntou a tartaruga. Mas a lebre estava demasiado cansada para responder. Com paciência e perseverança, tudo se alcança.

Esopo,
Fábulas de Esopo, [adap. de Ricardo Alberty]
Selecta da Língua Portuguesa 5° ano,
DEB Ministério da Educação
http://www.ipn.pt/literatura/infantil/fabulas.html

10.

O espelho ou o retrato vivo

Em tempos muito antigos, viviam numa aldeia do Japão um marido e uma mulher que se amavam profundamente e eram profundamente felizes.

Tinham uma filha pequenina muito bonita que era o retrato vivo da sua mãe. Em ambas se viam os mesmos olhos escuros, talhados em amêndoa, a mesma pele clara e transparente, o mesmo nariz pequeno e redondo e o mesmo cabelo preto, liso, abundante e lustroso.

Moravam os três numa casa muito limpa e bonita. O chão estava coberto por esteiras de palha e os quartos eram divididos por biombos de correr forrados de papel. No lado Sul e no lado Poente da casa corria uma varanda de madeira, coberta. Em redor havia um jardim maravilhoso onde entre rochedos, musgos e lanternas de pedra cresciam pinheiros, bambus, cerejeiras, macieiras, azáleas, cameleiras, lírios e crisântemos. Por entre as árvores e as flores corria um pequenino regato saltando de pedra em pedra e atravessado por uma ponte de madeira. Num pilar da varanda trepava uma glicínia que na Primavera se enchia de longos cachos lilases que entonteciam o ar com o seu perfume. E aquele homem e aquela mulher nada mais no mundo desejavam senão viverem, eles e a criança, os três juntos no sossego daquela casa e na beleza daquele jardim.

Mas um dia o pai, que era negociante de chá, teve que ir a Kioto, capital do Japão, tratar dos seus negócios.

A mulher afligiu-se muito, pois as viagens naquele tempo eram difíceis, demoradas e perigosas. Ela temia que o seu marido fosse assaltado por ladrões, ou que adoecesse, sozinho numa terra desconhecida, ou que se perdesse no caminho, pois Kioto era muito longe.

O marido sossegou-a: explicou que não viajaria sozinho, mas em companhia de outros negociantes das redondezas, disse-lhe que se demoraria o mínimo tempo possível e prometeu que traria de Kioto muitos e maravilhosos presentes.

E daí a poucos dias, despediu-se da mulher e da filha e partiu de manhã cedo.

Até que um certo dia, ao fim da tarde, quando ela estava a acender as lâmpadas, bateu à porta um vizinho, que anunciou:

— Do alto do monte vi ao longe o teu marido.

* * *

Grande foi a alegria dos três por se verem outra vez reunidos.

O homem deu-lhes os presentes que trazia: rolos de tecidos de seda e de algodão e leques e ganchos de cabelo esculpidos para a mulher, bolas e bonecas para a filha.

Depois, sentados sobre a esteira, à volta de uma mesa pequena e baixa juntaram-se os três, rindo e conversando, à doce luz da lanterna de papel.

Quando acabaram de comer, a filha foi-se deitar e o marido e a mulher ficaram os dois sozinhos.

— Trouxe-te ainda outro presente. — disse-lhe o marido. — É uma grande surpresa. — O que é? — perguntou a mulher, cheia de curiosidade.

— É uma coisa desconhecida nestas paragens, mas em Kioto e nas grandes cidades cada mulher tem o seu. Chama-se um espelho.

E o homem abriu uma caixa de charão e entregou à mulher uma placa de vidro rodeada de madeira.

A mulher espantada, ficou muda olhando para o espelho.

— Conta-me o que vês! — pediu o marido.

— Vejo — respondeu ela — uma jovem mulher que é a mulher mais bela que jamais vi na minha vida. E tem — como é curioso! — um quimono azul igual ao meu.

— Pateta — disse o marido rindo — o que tu vês é a tua própria imagem. Pois o espelho, como a água do lago, mas com maior perfeição, reflecte as coisas. Tu própria és essa mulher que te sorri.

— Ah! — exclamou a mulher. — É um retrato vivo!

E tão maravilhada ficou com o espelho que durante muitos dias não pensou noutra coisa. Sempre que estava sozinha, abria a caixa de charão, tirava o espelho, e ajoelhada no chão sobre as esteiras contemplava a sua imagem. Não se cansava de admirar os seus olhos em amêndoa, o oval da sua face, a sua boca cor de coral e os seus cabelos negros e espessos e brilhantes.

Sophia de Mello Breyner Andresen,
O Espelho ou o Retrato Vivo,
Editora Figueirinhas

11.

As duas rãs

O Verão tinha sido tão quente naquele ano, que as lagoas e os ribeiros secaram todos. Tudo se mirrava esbraseado pelo Sol e não havia humidade em parte alguma.

Aflitas com a grande seca, não podendo viver assim, duas rãs decidiram ir à procura de qualquer sítio húmido ou de um charcozinho. E depois de muito andarem, e de apanharem muito Sol, deram com um poço fundo, onde brilhava água, lá em baixo.

— Achámos o que queríamos: água e frescura para vivermos — disse uma das rãs, preparando-se para descer ao poço. — E ainda para melhor num sítio oculto, em que ninguém dará por nós.

— Espera! — replicou a outra. — Temos primeiro de pensar bem. Este poço é fundo; supõe que o Sol continua a secar tudo e que o poço também seca. Como havemos nós de sair de lá de baixo, se isso acontecer? Poderemos viver, só porque estamos num lugar bem escondido?

Assim, as duas rãs pensaram duas vezes antes de saltarem para o poço — como a prudência aconselhava.

Alsácia Fontes Machado,
Fábulas de Animais e Outras [adap.],
Ed. Vega

12.

A surpresa de Sindbad

Despertei num local amplo e cheio de luz e vi-me rodeado de rostos que expressavam pasmo e amistosa atenção. Pareceram-me, curiosamente, hindus ou abexins.

Nem me dava conta de que tinha despertado. A minha consciência dizia-me que continuava adormecido e a sonhar. Às vezes, os sonhos são a cores e, com frequência, em locais muito luminosos. Há quem pense que isto acontece quando se está perto da morte. Aqueles homens falavam-me e eu, como que sonhando, escutava-os sem poder responder, entre outras coisas, porque não compreendia nada do que me diziam. Por fim, um deles começou a falar-me em árabe, a minha língua, e ouvi-o dizer:

— Irmão, damos-te as boas-vindas. Diz-nos de onde vens, quem és e por que chegaste até aqui. Somos agricultores e regávamos os nossos campos quando vimos a jangada contigo em cima, a dormir. Neste ponto, a corrente é branda e agitava-te suavemente. Recolhemos e prendemos a jangada, à espera de que acordasses. Queres dizer-nos como chegaste a estes sítios?

— Em nome de Deus, trazei-me algo de comer, que depois responderei a todas as vossas perguntas! — respondi, quase gritando e chorando. — Tenho tanta fome!

Foram sensíveis ao meu apelo e trouxeram-me logo de comer e de beber. Comi até me fartar, senti a vida regressar ao meu corpo e dei graças ao Altíssimo. Pude então contar-lhes a minha história com todo o pormenor.

As Mil e Uma Noites,
Anónimo Edinter

13.

O stress tem sido uma das doenças mais faladas do século XX. Numa sociedade cada vez mais competitiva, em que todos exigem muito de si próprios e dos outros, as pessoas vivem sob tensão. Sabe-se que um grande número de doenças, tais como hipertensão, diabetes, úlceras e depressões nervosas são causadas pelo stress.

A maneira como o trabalho afecta o nosso modo de vida é muito importante. A maior parte das pessoas passa mais tempo no emprego do que em casa, com a família. Na verdade, passamos cerca de 100.000 horas da nossa vida no local de trabalho.

Quando o trabalho é particularmente causador de stress, há alguns factores que devem ser considerados. Por exemplo, melhorar a iluminação, reduzir o barulho e a confusão, (re)decorar o local de trabalho.

Contudo, é bom procurar soluções para aliviar ou, até mesmo, evitar o stress. Passatempos, férias e desporto são formas saudáveis de descontracção que ajudam as pessoas a distrair a mente e a ver os problemas de outra maneira.

Isabel Coimbra Leite & Olga Mata Coimbra,
Português sem fronteiras 2,
Edições técnicas, 1990. (p. 81)

14.

O Natal no país do "Sol Nascente"

A celebração da festa de Natal, para nós cristãos, é igual em todo o mundo, mas sempre diferente, dadas as condições de cada país, principalmente se estiverem em paz ou em guerra.

Aproveito esta oportunidade para falar do Natal em terras do Oriente, ou seja, em Timor Leste.

Foi aí que passei o meu último Natal com a minha família.

Foi também o primeiro depois das eleições que decidiram o futuro do meu país.

Imaginei logo que seria o Sol Nascente de uma vida diferente.

A diferença começou logo na ida à missa, coisa que até aí não nos era permitido.

Depois foi a Ceia de Natal onde estavam todos os familiares reunidos, pois já não andavam a lutar ou a fugir do inimigo.

Na nossa Ceia Tradicional de Natal comemos ame e catupá [uma maneira de confecionar o arroz embrulhado em folhas de coqueiro].

No dia de Natal, depois da missa, trocámos algumas pequenas prendas e lembranças entre nós e fomos de imediato para a praia fazer um grande piquenique com a comida que nos sobrou da Ceia de Natal.

Os mais pequenos ficaram encantados porque foram quase todo o dia para a praia brincar.

Lembro-me que as Vilas e Cidades ficam nesse dia completamente vazias, pois toda a gente se junta na praia a fazer piqueniques.

A nossa festa de Natal durou toda a semana e só terminou no Ano Novo, pois corremos a casa de todos os nossos familiares.

Foi o meu primeiro Natal em liberdade, foi um Natal de muita alegria e esperança.

Romana de Carvalho [Timorense],
Sol Nascente, Associação dos Amigos do Povo de Timor Lorosae,
Novembro/Dezembro de 2003.

15.

O Natal

O Natal é uma data muito especial. Os Portugueses gostam de oferecer presentes a vários membros da família e também aos seus amigos. No Natal gasta-se muito dinheiro, mas o importante é reunir a família: pais, filhos, avós, tios, primos. Ninguém deve ficar sozinho. Até às 19:00 horas do dia 24, muitos portugueses procuram os presentes de última hora. O movimento nas ruas é enorme. Tudo tem de estar preparado para a noite de Natal. Na noite do dia 24, a família junta-se para a ceia de Natal: bacalhau cozido com batatas e legumes, para os mais tradicionais; mas também há famílias que preferem peru. Para a sobremesa, a mesa enche-se de doces: fatias douradas, farófias, filhoses, bolo-rei e muitos outros. Come-se muito e também se bebe bastante. Mais tarde, vem o momento que todos esperam: a troca de presentes.

No dia 25, a festa continua com um almoço que também tem de ser especial. A família reúne-se mais uma vez e passa umas horas de convívio alegre, com todos sentados a uma mesa cheia. Mas as crianças preferem passar o dia a brincar com os brinquedos que o Pai Natal lhes ofereceu.

Ana Tavares,
Português XXI,
Lidel - edições técnicas, Ida., 2003. (p. 155)

16.

Espírito de Natal

O avô Fernando chegou de longe com uma mala muito pesada. Ajudei-o a levá-la para o meu quarto e não o larguei mais, enquanto não a abriu.

O que traria ele dentro daquela mala tão grande? Prendas de Natal? Surpresas? Brinquedos? Livros? — perguntava a mim próprio.

Mortinho de curiosidade, andei à sua volta como uma mosca, a zumbir perguntas.

— Ó avô, o que é que trazes?

— Tem calma, tem paciência que, logo te mostro! — aconselhou, com a voz ofegante, por ter carregado comigo aquela mala.

— Anda lá, diz-me só a mim que eu não digo a mais

파티마 성모출현 장소

ninguém!

— As prendas e as surpresas só se mostram logo, depois da ceia. Não sejas chato!

— Diz-me, que eu prometo guardar segredo! — insisti.

Como tinha de entregar à minha mãe uns produtos que tinha trazido da sua terra, começou a abrir a mala devagarinho e eu fiquei à espera que de lá de dentro saísse qualquer coisa mágica: um avião que voasse — vrrruuummm, vrrruuummm — ou uma coisa assim... capaz de fazer pasmar os meus amigos.

Mas não. Apareceram, entre a escova de dentes, a gilete, um pincel da barba, uma toalha de rosto e o pijama do meu avô, vários embrulhos amarrados com fitas coloridas, uma garrafa de azeite, um queijo, uma broa de Avintes, um frasco de azeitonas e uma garrafa que parecia ter dentro água amarela.

— Avô, que prenda me vais dar a mim?

— Que prenda me vais dar a mim?

Não lhe respondi.

A um canto, estava um rolo envolvido em papel azul-marinho, prateado.

— E isso, o que é? É um telescópio? É um caleidoscópio?

— Olha que tu és muito pegajoso! Está bem, pronto! Eu digo-te, senão, nunca mais te calas. Isso é uma luz para o Natal!

— É de ligar à electricidade? É de acender? É uma estrela para pôr no presépio? — perguntei, agitado.

— Não. Isto é o Espírito do Natal! — exclamou o meu avô, com mistério na voz.

— Espírito? Igual àquele da Lâmpada do Aladino? Se esfregar, sai um génio que faz tudo o que a gente quer? Ó avô, és mesmo fixório! Mostra, avô, mostra!

Para não me aturar mais, ele ia a desembrulhar o rolo de

papel prateado, quando foi salvo da minha curiosidade pelo chamamento da minha mãe:

— Venham para a mesa!

O meu avô, ainda a arfar da viagem, desceu devagar com a mão no corrimão e eu acompanhei-lhe os passos.

O meu pai fechou-se na sala de jantar e, querendo fazer um bonito, não nos deixou entrar na sala, onde a mesa já estava posta para a ceia.

As luzes estavam apagadas e a porta fechada. Quando íamos para entrar, o meu pai, muito teatreiro e eufórico, fez:

— Té té té tzzéééé!!! — e abriu a porta e as luzes.

Senti uma baforada quente e fui abraçado por um cheirinho a rabanadas, a sonhos, a filhós, a aletria com desenhos de canela e a bilharacos, que era um doce que o meu avô apreciava muito.

A iluminação da sala estava um espanto, a mesa um espectáculo, a lareira soltava línguas de fogo e a música ambiente eram as vozes de anjos de um CD que a minha mãe comprara de propósito para aquela noite.

Por cima da lareira, o meu pai pôs o presépio e ao canto construiu uma Árvore de Natal, apenas com ramos de pinheiro, porque pensava ele que as árvores não se deviam abater.

Disse-me uma vez:

— Se um dia tiveres de cortar uma árvore, deves pedir-lhe desculpa, ouviste? Uma arvore é um ser vivo!

O meu avô dirigiu-se ao presépio, mirou-o e remirou-o e, por fim, disse:

— Que engraçado! Nunca vi um presépio assim: o Menino Jesus está ao colo da mãe e a manjedoura vazia. Ó Castro, dou-te os meus parabéns, o presépio está muito bonito!

Os olhos do meu pai brilharam com o elogio.

E sabem porquê? É que o meu avô achava que o meu pai era um bocado azelhote, para fazer coisas e habilidades com as mãos.

José Vaz,
Hoje é Natal,
Edições Gailivro

여러가지 기본단어

동물

boi 황소
carneiro 양
coelho 토끼
macaco 원숭이
tartaruga 거북이
cachorro 강아지
cavalo 말
gato 고양이
porco 돼지

새

andorinha 제비
beija-flor 벌새
papagaio 앵무새
gaivota 갈매기
galo 수탉
pato 오리
arara 아라라(큰 앵무새의 일종)
canário 카나리아
pica-pau 딱따구리
galinha 암탉
garça 왜가리
pombo 비둘기

악기

bateria 타악기일체
flauta 플루우트
órgão 오르간
violão 비올러옹
berimbau 베링바우
guitarra 기타
saxofone 색소폰
violino 비이올린

종교

budista 불교
espírita 정령교
muçulmana 이슬람교
ateu/atéia 무신론자
católica 카톨릭교
judaica 유대교
protestante/baptista 개신교

표현

Droga! 젠장!
Legal!: 좋아!
Eu, hein! 내가, 엉!
Mas que coisa! 어쩌면 이런 일이!

Meu Deus! 맙소사!
Nossa! 세상에!
Puxa! 세상에!
Puxa vida! 세상에!
Virgem Maria! 맙소사!
Nossa Senhora! 맙소사!

여자옷

bermuda 반바지
blusa 블라우스
calça 바지
casaco 외투
meia 양말
saia 치마
saia-calça 치마바지
short 짧은 반바지
vestido 드레스

남자옷

bermuda 반바지
blusão 상의
boné 앞에 챙이 있는 모자
calça 바지
camisa 셔츠
camiseta 티셔츠
chapéu 챙이 둥근 모자
short 짧은 반바지
suéter 스웨터
terno 양복
fato(포) 양복

장식품

bijuteria(anel/brinco/broche/colar/pulseira) 악세사리점(반지/귀고리/브로치/목걸이/팔찌)
bolsa 핸드백
boné 앞에 챙이 있는 모자
chapéu 챙이 둥근 모자
cinto 허리띠
gravata 넥타이

신발

bota 장화
chinelo 슬리퍼
galocha 고무로 만든 덧신
sandália 샌들
sapato 구두
tênis 운동화
tamanco 나막신

거리

rua paralela 다른 거리와 평행한 길
travessa 두개의 큰길을 잇는 길
avenida 대로
quadra/quarteirão 블럭

faixa do pedestre 횡단보도
cruzamento 교차로
passarela 육교
viaduto 고가도로
calçada 인도
esquina 골목
via expressa 고속도로

항상 복수로 쓰이는 단어

os afazeres 일, 업무
os óculos 안경
belas-artes 미술
as férias 휴가, 방학
os arredores 주변
os pêsames 조의
os parabéns 축하

거주지

casa térrea/geminada 주택/쌍둥이 모양으로 된 집
sobrado 이층집
apartamento 아파트
mansão 대저택
castelo 성
casa de campo 전원주택
flat/aparthotel 플랫/아파트형 호텔
cabana 오막살이집
condomínio 콘도
chalé 별장
cobertura 꼭대기층 집
casa de temporada 휴가를 보내는 집
casa de praia 해변에 위치한 집
kitnet 원룸아파트
favela(barraco) 빈민촌(판자집, 오막살이)

전자제품

aparelho de som 오디오기기
gravador 녹음기
aspirador de pó 진공청소기
liquidificador 쥬스기
televisão 텔레비전
ferro elétrico 전기 다리미
geladeira/congelador 냉장고/냉동고
aparelho de estéreio 스테레오기기
rádio 라디오
batedeira 믹서
cafeteira 커피머신
computador 컴퓨터
fogão/forno 가스렌지/오븐
lavadora/secadora 세탁기/건조기

수저, 접시

bandeja 쟁반
copo/taça 컵/잔
prato raso 얕은 접시
bule 찻주전자
prato fundo 깊은 접시
prato de sobremesa 후식용 접시

pires 받침접시
talheres(faca/colher/garfo) 식기도구(칼/숟가락/포크)
travessa/sopeira/vasilha 쟁반/국그릇/용기 xícara de café 커피잔
xícara de chá 찻잔

가구

armário 찬장, 옷장
beliche 이층침대
cadeira 의자
cama 침대
escrivaninha 책상
estante 책장, 장식장
mesa de canto 구석에 놓는 탁자
mesa de centro 중앙탁자
mesa de cabeceira(criado-mudo) 협탁
poltrona 안락의자
sapateira 신발장
sofá 소파

보험

seguro de carro 자동차보험
seguro de casa 주택보험
seguro de invalidez 장애보험
seguro de viagem 여행자보험
seguro de vida 생명보험

지형

lagoa/lago 작은 호수/호수
mar/oceano 바다/대양
monte/montanha 작은 산/산
pântano 늪지
planalto 고원
planície 평원
riacho/rio 작은 강/강
vale 계곡

직위

monitor 모니터
auxiliar de ensino 조교
coordenador de ensino 조정관
docente 교원, 강사
catedrático 대학정교수
professor orientador 지도교수
mestre 석사
doutor 박사

병명

diabete 당뇨병
hipertensão 고혈압
obesidade 비만
pressão baixa 저혈압
Sida 에이즈
gripe 감기

diarreia 설사

stress 스트레스

환자취급소

ambulatório/consultório 이동보건소/진찰소

clínica 개인병원

hospital 종합병원

pronto socorro 응급실

farmácia 약국

posto de saúde 보건소

spa/águas termais 스파/온천

증상

cãimbra 근육경련, 쥐

dor de barriga 복통

dor de dente 치통

enjoo 메스꺼움

febre 열

mal estar 불안, 불쾌

vertigem 현기증

coriza 급성비염

dor de cabeça 두통

dor de estômago 위통

falta de ar 숨이 가쁨

fobia 공포증

tosse 기침

각종검사

exame de fezes 대변검사

mamografia 유방암검사

sangue 피

ultra-sonografia 초음파

exame de urina 소변검사

raio X 엑스레이

tomografia X선 단층촬영

은행

caderneta de poupança 저축통장

cartão magnético 마그네틱카드

cofre 금고

depósito 입금

investimento 투자

notas 지폐

caixa eletrônico 현금입출금기

cheque 수표

débito automático 자동출금

guichê 창구

moedas 동전

retirada 출금

경제

bolsa de valores/ações 주식시장

impostos 세금

custo de vida 생활비

inflação 인플레이션

investimentos 투자

juros 이자

가방

bolsa 핸드백
carteira 지갑
mala 여행가방
maleta 작은 여행가방
mochila 배낭
pasta 서류가방
saco 자루, 쌕
sacola 쇼핑백

해변

biquíni 비키니
boia 구명대
bronzeador 선탠크림
cadeira de praia 해변의자
esteira 돗자리
guarda-sol 파라솔
isopor 스치로폼
maiô 원피스형 수영복
protetor solar 선블럭
saída de banho 수영복 위에 걸치는 옷
toalha 수건

축구

ataque 공격
cartão amarelo 옐로우 카드
cartão vermelho 레드 카드
centro avante 중앙공격수
defesa 수비
falta 반칙
gol 골
goleiro 골키퍼
pênalti 페날티

가게종류

butique 양장점
drogaria/farmácia 약국
loja de calçados(sapataria) 구두점
loja de conveniência 편의점
loja de departamentos 백화점
loja de eletrodomésticos 전자제품점
loja de móveis 가구점
papelaria 문방구
livraria 서점
padaria 빵집
chapelaria 모자점
peixaria 생선가게
quitanda 야채가게
mercearia 식료품가게
frutaria 과일점

회사 내 공고

proibido correr 뛰지 마시오
proibido fumar 금연
proibido jogar lixo 휴지를 버리지 마시오
Perigo! Alta tensão 고압선 주의
área restrita 통제구역
cuidado com o fogo 불조심
cuidado com acidentes de trabalho 사고주의

운동

campanha 운동, 캠페인
contra o consumo de drogas 마약 퇴치를 위한
de combate à fome 기아 퇴치를 위한
de prevenção da Aids 에이즈 방지를 위한
do agasalho 숙소제공을 위한
eleitoral 선거운동
em defesa do meio ambiente 자연환경보호를 위한
em prol da infância 어린이 보호를 위한

약어

sr.(senhor) ...씨(남성)
sra.(senhora) ...씨(여성)
srta.(senhorita) ...씨(아가씨)
V. Sa.(Vossa Senhoria) 귀사, 귀 기관, 귀하(서한문에서 쓰는 경칭)
V. Excia.(Vossa Excelência) 귀사, 귀 기관, 귀하(경칭)
Ilmo.(Ilustríssimo) 경애하는(경칭)
Ilma.(Ilustríssima) 경애하는(경칭)
Exmo.(Excelentíssimo) 경애하는(경칭)
Exma.(Excelentíssima) 경애하는(경칭)

속어표현

bater papo: 잡담하다
cair do cavalo: 크게 놀라다
cara de pau: 버릇없는 사람
dar o cano: 약속을 지키지 않다.
estar com dor de cotovelos: 시기하다. 질투하다.
ficar de cara amarrada: 찌푸린 얼굴
para chuchu: muito, 굉장히, 많이
bacana: 멋진

DATAS COMEMORATIVAS (브라질공휴일 성일)

Ano Novo (1°de janeiro)
Carnaval
Tiradentes (21 de abril)
Dia do trabalho (1°de maio)
Dia das mães
Corpus Christi
Dia dos namorados (12 de junho)
Festas juninas
Dia dos pais
Dia da independência (7 de setembro)
N. Sra. Aparecida (12 de outubro)
Dia das crianças (12 de outubro)
Dia dos professores (15 de outubro)
Finados (2 de novembro)
Proclamação da República (15 de novembro)
Natal (25 de dezembro)

대학 포르투갈어(브라질어)

초판 인쇄 2011년 1월 10일
초판 발행 2011년 1월 20일

지은이 이승덕 · 임은숙

발행인 박철
발행처 한국외국어대학교출판부
130-791 서울특별시 동대문구 이문동 270
전화 02)2173-2495-6
팩스 02)2173-3363
홈페이지 http://press.hufs.ac.kr
전자우편 press@hufs.ac.kr
출판등록 제6-6호(1969. 4. 30)

본문 편집 · 디자인 지댄피(070-8234-0025)

ISBN 978-89-7464-643-1 98770 정가 14,000원(mp3 CD 포함)

잘못된 책은 바꾸어 드립니다.